맹자

이익에 반대한 경세가

차례

Contents

일러두기 · 『맹자』의 구성 내용인 「양혜왕」「공손추」「등문공」「이루」「고자」「만장」「진심」 등은 출처 표기 시 『맹자』를 생략하고 서술한다.

들어가며

나는 맹자(孟子)에 관한 책을 여러 권 냈다. 어린이용으로(2008, 웅진), 도덕국가 지침서로(2006, 살림), 몇 개의 관념으로 재구성한 발췌번역으로(2009, 지만지), 인문고전 깊이 읽기의 하나로(2010, 한길사) 세상에 내놓은 이 책들은 지금도 크고 작게 성장을 계속 하고 있다. 그런데 또 하나의 맹자 소개서를 쓰려고 하니 두려움이 스며온다.

맹자에 관해 새로 발굴한 내용을 쓰지 못해 두려운 것도 아니며 새로운 해석이나 주장을 전개해야 한다는 압박감에서 오는 두려움도 아니다. 나는 『맹자』를 수없이 읽었는데 읽을 때마다 그냥 깊은 감동을 받았을 뿐 새로 발굴한 내용이나 새로 해야 할 주장이 생기지는 않았다. 글은 말에서 비롯되는데 오랜

세월 동안 숱한 사람들의 말길에 오르내렸던 사상이나 사상가를 다루면서 '처음' 얘기했다거나 또는 '창조적으로' 써냈다거나 하는 주장들을 필자는 믿지 않는다. 차라리 나의 말과 글을 과거 언제 어느 때 내가 '아직' 모르는 누군가 했을 것이라 믿는 편이다. 그래서 '새로움'이 없다고 비판하는 사람을 보면 '새롭게' 썼다는 사람을 보는 것처럼 놀란다. 동서고금의 모든 말을 알고 있다는 그의 혜안에 놀라는 것이지만 이제는 믿지 않기에 그마저도 두렵지 않다.

나는 이 책에서 '아직' 맹자를 잘 모르는 사람에게 내가 아는 만큼의 맹자를 소개하려는 것이다. 다만 태어난 그 어떤 생명도 똑같은 모습일 수 없듯 그동안 내가 만들어낸 맹자 관련 책들과는 좀 '다른' 소개를 하고자 한다. 핵심 주제는 맹자의 '경세정책'이다. 이 책에서는 현실경제와 사회문제를 고민하고, 그 대안을 내놓은 경세가로서 맹자를 보고자 한다. 이데올로기나 철학을 도외시하지는 않지만, 이야기의 중점을 맹자의 구체적인 정책 아이디어에 맞추려고 한다.

맹자의 정치이념이나 사회사상에 대한 책은 많고 많으나 맹자 경국제세(經國濟世)의 정책 아이디어를 일목요연하게 정리하고 있는 소개서는 많지 않다. 거칠게 얘기하면 경국제세를 '경국' 또는 '경세'로 읽으면 오늘날의 정치학과 비슷하고, '경제'로 읽으면 오늘날의 경제학 또는 경영학과 비슷하다. 그렇다면 이 책은 맹자의 정치경제학이나 국가경영학을 살펴보려는 것이다. 사실 『맹자』라는 책 전체를 면밀히 살펴보면 우리가 맹자에 대해 알고 있는 사단(四端), 성선(性善) 등 철학적 내용보다 구체적인 정책들을 훨씬 많이 언급하고 있다. 그런데 『맹자』에 언급된 경세의 원칙이나 정책들을 보면 오늘날 우리가 출발점으로 삼고 있는 경세관념과는 상당히 다르다. 맹자는 당시에도 '시대를 읽지 못하고, 영양가 없는 인의도덕만 외친 사람'이란 평가를 받았다. 그런데 필자가 이 책에서 경세가로서 맹자를 다루면서 또 현대 관념과 어긋나는 맹자의 생각을 말한다면 맹자를 또 한 번 고리타분한 보수주의자로 낙인찍는 행위가 될까 심히 두렵다.

하지만 옳다고 믿는 신념을 고집스럽게 지키는 것이 진정한 보수의 길일 것이다. 필자는 돈과 이익, 부강, 경제적 효율 등을 불변의 가치로 여기고 있는 현대 자본주의 사회의 경세관념에 대해 맹자를 빗대어 이의를 제기하고 싶었다. 그래서 많은 두려움을 이기고 이 책을 쓴다. 이익이 경세의 중심이 된 시대에 이익에 반대한 경세가를 한 번쯤 생각해보는 것도 또 하나의 경세관이 아닐까?

맹자와 『맹자』를 보는 눈들

맹자와 『맹자』

맹자의 인기는 식을 줄 모른다. 맹자를 연구한 국내외 단행본만 해도 수백 권에 이른다. 『논어(論語)』만큼은 아니지만 『맹자』로 책을 쓰면 여전히 찾는 사람이 많다. 앞으로도 그럴 것이다. 맹자는 기원전 372년 무렵 태어나 전쟁과 경쟁의 거친 시대를 살면서 민생을 경시한 정치인들에게 쓴 소리를 하며 돌아다녔다. 하지만 제대로 뜻을 펼쳐보지 못했으며 끝내는 고향에 돌아와 제자들과 쓸쓸하게 말년을 보내다 대략 기원전 289년 귀천한 사람이다. 본명은 '맹가(孟軻)'지만 자나 호도 정확히 알려져 있지 않은 사람이다. 하지만 맹자가 살아있던 당시에는 물론이요, 긴긴 역사를 지나는 동안 맹자와 『맹자』의 인기는 식을 줄 몰랐다. 왜 그럴까?

최근 발간된 도올 김용옥의 책 『맹자: 사람의 길』 뒤표지엔 '전국 시대상의 현장 기록, 맹자 이상의 리얼한 르포는 없다'고 적혀 있다.[1] 이 또한 맹자가 인기 있는 중요한 이유 가운데 하나일 것이다. 대개의 고전이 그렇듯 맹자가 갖고 있는 매력은 한두 가지가 아니다. 호방한 대장부, 고집 센 정치가, 논쟁에서 이기려고 기를 쓰는 변론가, 친구의 아픔을 끝까지 감싸는 다정한 인간, 어머니에 대한 지극한 사랑 등 세상을 헤치고 살아가는 한 인간의 모습이 『맹자』라는 책에 고스란히 담겨 있다. 책을 읽는 사람으로 하여금 자신의 모습을 돌아보고 생각하게끔 만든다. 맹자가 쓴 것으로 추정되는 여러 책이 남아 있다면 맹자에 대해 보다 많은 면을 알 수 있겠으나, 역사서나 다른 사상가의 책 속에 단편적으로 등장하는 기사 이외에 맹자를 정확히 알 수 있는 방법은 오로지 『맹자』를 읽는 것뿐이다.

『맹자』라 불리는 책은 말년에 제자들과 함께 그동안의 성과를 정리한 책으로 보인다. 제자들을 이끌고 천지를 돌며 왕도정치를 유세하러 다니다 포기하고 돌아온 뒤였다. 당시는 주(周)나라 왕실이 제후국 수준으로 쪼그라들고, 사방 천 리가 넘는 땅에 전차 만 승(乘)을 낼 수 있는 방대한 영토를 지닌 일곱 개 강국들, 이른바 '전국칠웅(戰國七雄)'이 부국강병을 다투던 시대였다. 이런 시대를 살면서 현실적인 부강의 논리에 반대하고, 이상적인 도덕의 정치를 주문한 맹자의 유세가 실패할 것은 예견된 일이기도 했다.

표준어가 없고 문자가 통일되지 않았던 이 시대에 왕들에게 자신의 정치적 주장을 설득하려면 자신의 주장을 담은 문서를 엮어 왕의 측근을 통해 바쳐야 했다. 맹자는 수많은 제자들과 수십 대의 수레를 끌고 유세를 다녔는데, 그 수레에 싣고 다닌 물건 중 대나무를 깎아 만든 죽간(竹簡)이나 베에다 먹물로 쓴 백서(帛書)가 가득했다. 그 가운데는 맹자 자신의 주장을 직접 담은 것도 많았을 것이다. 따라서 맹자는 생전에 많은 작품을 쓴 것으로 추정된다. 하지만 현존하는 『맹자』는 「양혜왕(梁惠王)」「공손추(公孫丑)」「등문공(滕文公)」「이루(離婁)」「고자(告子)」「만장(萬章)」「진심(盡心)」등의 7편뿐이다. 후대에 주석이 이루어지면서 각 편이 상하로 나뉘어 현재는 14편 체제를 갖추고 있다.

맹자는 초기에 크게 알려진 인물이 아니었다. 당시 다른 사상가들의 책이나 후대의 역사서에도 맹자는 자주 등장하지 않는다. 『한서(漢書)』「예문지(藝文志)」에서는 『맹자』를 소개하면서 맹자의 본명과 그의 고향이 추(鄒)나라라는 것, 공자(孔子)의 손자인 자사(子思)의 학통을 계승한 사람이라는 것 정도만 밝히고 있다. 맹자는 여러 나라를 유세하며 공자의 정치적 주장을 높이 선양한 사람이었는데, 겨우 이 정도의 사실만 알려졌다는 게 더 이상할 정도다. 후한의 조기(趙岐)가 『맹자』에 처음 주석을 달아 큰 책으로 편찬했는데, 거기에 「맹자제사(孟子題辭)」라는 긴 문장을 달아 맹자의 행적을 잘 담아놓았다.

맹자 생전의 주장을 제자들이 모아 스승에게 물어가며 편찬한 것으로 보이는 『맹자』는 3만 5,000자 정도 되는 비교적 작은 책이다. 친필 저작인지에 대해 수많은 논란이 있긴 하지만[2], 맹자의 삶과 생각이 비교적 잘 담겨 있다. 따라서 맹자를 이해하고 싶은 사람은 『맹자』를 읽을 수밖에 없다. 제자들과의 문답 형식을 빌려 앞뒤가 잘 맞아떨어지는 맹자의 주장이 고스란히 담긴 책이다.

맹자가 무슨 주장을 펼쳤기에 그토록 많은 사람이 맹자에게 매료되는 것일까? 맹자는 전쟁과 경쟁의 시대를 살았다. 하지만 인간이라면 누구나 생각해보아야 할 세상의 문제와 되돌아보아야 할 본연의 모습에 대한 깊은 성찰을 담고 있기 때문에 『맹자』는 시대를 넘어 고전이 된 것이다.

성선설을 둘러싼 논쟁

맹자의 주장은 당시에도 논쟁거리였으며 심지어 맹자는 제자들과도 심각하게 언쟁했다. 『맹자』를 보면 여러 가지 문제에 대해 제자들과 치열하게 논쟁을 펼치고 있는 부분이 많다. 우리에게 '성선설'로 잘 알려진 '인간의 본성은 선하다'는 주장이 그 첫 번째다. 맹자의 성선설은 주로 「고자 상」 편에서 집중적으로 다루고 있다. 고자의 나이는 맹자와 비슷한데 제자로 추정되며 본명이 고불해(告不害)라고도 한다. 고자는 고여 있는 물이 동쪽으로 트면 동쪽으로 흐르고, 서쪽으로 트면 서쪽으로 흐르듯 사람의 본성은 선하지도 않고 악하지도 않다고 주장한다. 보통 사람들은 대체로 고자와 비슷한 생각을 하며 산다. 하지만 맹자는 물에 동서의 구별은 없겠으나 위에서 아래로 흐르는 상하의 차이는 있다고 하면서 '하늘로부터 부여받은 천성은 선하다'고 강변한다.

맹자의 목적은 분명하다. 인간이 본래부터 갖고 있는 선한 본성을 회복하고 잘 발현할 수 있도록 만들어주면 어진 정치가 실현되어 좋은 세상이 도래한다는 사실을 강조하기 위함이었다. 맹자는 동물과 달리 다른 사람의 아픔을 함께 느끼는 인간만의 특질을 발견한 것이고, 그로부터 그의 왕도정치에 대한 주장의 논리적 근거를 찾은 것이다. 결국 '정치가인 당신의 본성은 원래 선한 것이니 그 본성을 회복해 싸우지도 말고 이해타산도 하지 말고 백성을 불쌍히 여기는 선정을 펼치라'는 주장이다.

이렇게 성선설은 정치적 견해와 관련되어 있어 수시로 반론에 직면하지 않을 수 없었다. 제자들 사이에서도 논쟁이 있었고, 다른 유생들도 반대가 많았다. 특히 맹자보다 두 세대 쯤 늦게 활동했던 순자(荀子: 본명은 순황 荀況)는 『순자』 「비십이자(非十二子)」 편에서 자사와 맹자를 한데 묶어 '말도 안 되는 소리를 한 사람들'이라고 비판했다. 순자는 세상의 무질서를 바로잡는 것이 정치이고, 무질서는 인간본성이 악한 데로 흘러 생긴 결과라고 생각했다. 어질고 도덕적인 세상은 악한 본성을 극복한 인간의 위대한 성취 덕분에 가능하다는 주장이다. 내부적으로 착한 본성을 회복해 도달해야 하는 정치가 맹자의 왕도라면,

외부적으로 악한 본성을 통제해 도달해야 하는 정치가 순자의 왕도다.

당시 유생들은 인간의 사회적 특성을 감안한 순자의 주장을 더 잘 받아들인 듯하다. 물론 맹자는 인생의 대부분을 정치가로 살았지만, 순자는 거의 모든 일생을 학문 탐구에 몰두했으며 오래 살았고 제자도 훨씬 많이 거두었다. 이러한 여러 가지 이유 때문에 한나라를 거쳐 당나라 중기에 이르기까지 순자의 학설이 훨씬 더 잘 계승되었다. 또 실제 정치에서도 인간행위의 외부적 절제가 강조되었고, 군주라는 외적 지위에 대한 존중이 강조되었으며 백성들의 행위를 잘 통제하는 통치자가 위대한 정치가로 인식되었다.

그러다 당나라 중기에 이르러 인간본성에 대한 논의는 결정적으로 역전되기 시작했다. 이 상황은 한유(韓愈)라는 뛰어난 학자와 관련이 있다. 위진남북조와 수당 시대를 지나며 엄청난 영향력을 갖게 된 불교의 유행에 대해 당시 학자들은 전통문화부흥운동을 주창했는데, '원시유가' 또는 '초기유가'라고 부르는 공자와 맹자, 순자에게서 불교에 대응하는 중국문화의 정통성을 찾고자 하였다. 이때 많은 논란이 있었는데 이 과정에서 한유는 맹자를 지극히 순정한 사상가로 취급한 반면 순자는 대체로 순정하나 주장에 다소 하자가 있다고 평가했다.[3] 유학은 한유로부터 새로운 길을 걷게 되었고 주희(朱熹)에 와서 완성을 보는데, 이를 '신유학(Neo-Confucianism)'이라 부른다. '이학' '성리학' '주자학'이라고도 불리는 신유학에서는 맹자를 지순한 사상가로 추켜올리고, 순자에 대해서는 갈수록 맹공격을 가했다. 맹공의 핵심은 순자의 성악설이었다. 이로써 맹자의 성선설은 주자학의 핵심이념이 되면서 근대까지 중국사상의 정통이 되었다.

맹자를 보는 눈

맹자의 정치사상을 한마디로 종합하면 인정(仁政), 즉 어진 정치다. 매우 추상적으로 들리지만 『맹자』에는 아주 구체적으로 인정의 내용과 실행방안 등이 설파되어 있다. 먼저 맹자의 인정은 힘과 이익의 정치에 반대한다. 부국강병이 모든 국가의 목표인 시대에 부국의 기초인 이익에 반대하고, 강병의 기초인 힘에 반대했으니 당연히 논란을 불러일으킬 수밖에 없다. 제자백가 가운데 맹자가 가장 배척했던 사상은 양주와 묵자, 법가였다. 양주와 묵가는 이익의 추구를 중요한 이론으로 삼고 있으며, 법가는 힘의 추구를 중요한 이론으로 삼는다. 맹자는 당시 유행하던 가장 현실적인 학설에 반기를 들어 허황되고 현실적이지 못하다는 비난을 들어야 했다.

둘째, 맹자가 추구하는 인정은 정강(政綱)정책이나 제도의 변화를 강조한 경우도 있지만 전체적으로는 백성들의 위에 서 있는 정치가들의 태도 변화를 촉구하는 것이었다. 이는 사람에게 기댄다는 점에서 인치(人治)주의다. 그는 「이루 상」 편에서 "천자가 어질지 못하면(不仁) 사해를 보존하지 못하고, 제후가 불인하면 사직을 보존하지 못하고, 경대부가 불인하면 종묘를 보존하지 못하고, 사서인이 불인하면 사지를 보존하지 못한다"고 말한다. 이러한 경고는 사실 중요한 것이었으나 권력을 추구하고 확장하려는 현실 통치자들에게는 스트레스만 줄 뿐이었고, 인간을 별로 신뢰하지 않는 통치자들에게는 과도한 낙관으로 비쳐졌다. 또 인치주의의 어쩔 수 없는 한계인 '만약 어질지 못할 경우에는 어떻게 할 것인가?'라는 문제도 있었다. '역사를 볼 때 불인한 폭군이 등장하면 종묘사직을 보존하지 못할 것'이라는 경고에도 불구하고 폭정은 계속되었고, 백성들은 속수무책으로 시달릴 뿐이었다. 결국 맹자가 설득하러 다닌 많은 왕 가운데 형벌과 세금을 줄이고 어진 도덕교화를 실시하겠다고 나선 사람은 아주 조그만 나라인 등(滕)의 문공(文公) 정도에 불과했다. 그 외 맹자의 제자들을 포함해 그 누구도 맹자와 같은 주장을 하러 천하를 돌아다니거나 학문적 논쟁에 앞장서지 않았다.

셋째, 맹자 인정론의 핵심내용 가운데 하나는 민본사상이다. 『맹자』에서 맹자는 입만 열면 요임금과 순임금을 칭송하는데, 『서경(書經)』과 같은 고대 경전을 인용하면서 "하늘은 백성의 눈을 통해 보고, 백성의 귀를 통해 듣는다"고 주장한다. 또 "백성이 소중하고 사직은 그 다음이며 군주는 가볍다"는 이른바 민귀군경(民貴君輕)론을 주장하기도 한다. 어진 통치자는 백성과 더불어 즐긴다는 여민동락(與民同樂)의 경우, 훌륭한 통치자의 표상으로 군주들에게 역사상 가장 큰 스트레스를 주기도 했다. 맹자가 다소 강하게 주장하긴 했지만, 이러한 민본의식은 법가를 제외한 제자백가의 사상에 공통적으로 나타난다. 그럼에도 불구하고 맹자를 가리켜 민본주의를 넘어 민주주의자라도 되는 양 말하는 것은 문제가 있다. 맹자는 군주를 결코 가볍게 보는 사람이 아니었으며, 국민에 의해 통치자를 결정하는 'by the people'의 민주주의 기본원리와는 관련이 없다. 맹자 또한 백성에게 권리 대신 의무만 강조하는 봉건 지배계급의 논리에서 크게 벗어나지 않았다. 하지만 역사의 고비마다 많은 양심적인 정치가와 학자들이 맹자를 들먹이며 군주를 압박했기 때문에 역대 통치자들은 『맹자』를 그다지 좋아하지 않았다.

넷째, 실제로 『맹자』에는 군주를 두려움에 떨게 만드는 주장이 몇 있다. 맹자의 본심은 통치자를 도덕적으로 만들어 군주의 권력을 더욱 강화시키기 위한 것이지만, 듣기에 따라 군주를 민망하게 만드는 부분들도 있다. 특히 인의의 원칙을 해친 군주는 한갓 필부에 불과하니 '필부 따위는 죽여도 좋다(「양혜왕 하」)'는 이른바 주일부(誅一夫)설과 '반복해서 간언을 해도 듣지 않으면 군주를 바꾸어버릴 수도 있다(「만장 하」)'는 역위(易位)설은 정치 불안기인 왕조 말기에 제왕의 꿈을 꾸는 영웅들에게는 금과옥조였다. 반면 정치 안정기인 왕조 초기의 제왕들에 의해서는 금기시되었다. 당 태종 이세민(李世民)처럼 가슴을 열고 신하들의 간언을 받아들이면서 맹자를 칭송한 제왕은 극소수였다. 대부분은 명 태조 주원장(朱元璋)처럼 맹자를 싸가지 없는 사상가로 취급했다. 주원장은 유학을 숭상하면서도 『맹자』의 내용 가운데 군주에 대항하는 문구들은 모두 빼고 출판하라고 명령을 내릴 정도였다. 맹자는 어떤 위력과 협박에도 굴종하지 않는 대장부 정치가를 꿈꾸었지만 여당 지도자들에게는 별로 인기가 없었던 것이다.

『맹자』 내의 주장에 대한 여러 가지 이견에도 불구하고 맹자는 지난 천 년 간 동아시아 지식인들 사이에서 명성을 더해 갔으며 공자에 버금가는 성인으로서 지위도 공고해졌다. 맹자가 구상한 왕도사회는 사회 구성원 모두가 완전히 선해져 어떤 악도 존재하지 않는 사회인데, 주자학이 지배했던 동아시아 국가의 유학자들은 그런 왕도의 꿈을 가지고 『맹자』를 읽었다. 그리고 매우 구체적이고 명료하게 이상적인 정치와 사회가 어떤 것인지 설명해낼 수 있었다. 일부 천재적인 학자들은 성리학을 공부했으면서도 성리학적 사유가 덧씌워지지 않은 맹자의 원래 의미가 무엇인지 깊이 탐구해 시대정신을 이끌었다. 중국의 대진(戴震), 조선의 정약용(丁若鏞), 일본의 이토 진사이(伊藤仁齋)가 그 대표적인 인물이다.[4)]

경세의 밑그림: 백성의 아픔을 차마 참지 못하는 정치

불인인(不忍人)의 정치

『논어』「자장(子張)」 편에는 공자의 제자인 자하(子夏)의 유명한 말이 있다. "벼슬(정치)을 하다 성취가 있으면 공부를 해야 하고, 공부를 하다 성취가 있으면 벼슬(정치)을 해야 한다." 이는 공자도 누차 강조한 사항으로 유가 사상가들은 공통적으로 학문과 정치 사이에서 왕래하는 것을 특징으로 한다. 그들은 사회문제에 대해 관심이 깊으며, 훌륭한 정치가가 백성을 아끼는 정치를 함으로써 모든 문제가 해결될 것이라고 생각했다. 맹자도 마찬가지였다. 그래서 열심히 공부한 뒤 정치의 길에 들어섰고, 도덕적인 정치를 수행하라고 통치자들을 설득하고 다녔다.

맹자는 세상의 문제들이 가혹한 정치 때문에 생긴다고 주장한다.「양혜왕 상」편에는 맹자의 생각을 함축적으로 담고 있는 재미있는 이야기가 실려 있다. 당시 최고 강대국 가운데 하나였던 제나라의 선왕(宣王)이 제사용 희생(犧牲)으로 끌려가는 소가 흘리는 눈물을 보고 양으로 바꾸라고 명령했는데, 이를 두고 맹자는 "그런 마음이면 충분히 왕도를 행할 수 있사옵니다. 백성들 모두 왕이 소를 아까워해서라고 생각하겠지만, 신은 왕께서 불쌍한 마음을 참지 못해 그랬음을 분명히 알고 있습니다. …… 그 참지 못하는 마음이야말로 어진 정치를 행하는 방법입니다"라고 대답했다는 내용이다. 인간에게 본성적으로 존재하는 '참지 못하는 마음', 즉 불인(不忍)에서 어진 정치의 단서를 찾은 것은 맹자의 독창적 성취다.

맹자가 인의예지(仁義禮智)의 근거라고 제기한 사단설(四端設), 즉 측은지심, 수오지심, 사양지심, 시비지심을 제기하면서도 출발점으로 삼은 것은 단연 사람을 불쌍히 여기는 마음이다. 우물에 빠지려는 아이를 보면 어떤 사람이든지 이해타산 없이 달려가 아이를 구하는 착한 마음을 갖고 있다는 것이다. 통치자들도 당연히 이런 마음을 갖고 있으며 이런 마음을 최대한 발휘해 정치를 한다면 좋은 정치가 이루어지고, 경세의 밑그림이 제대로 그려진다는 주장이다.「공손추 상」편의 다음 구절을 보자.

孟子曰 人皆有不忍人之心. 先王有不忍人之心 斯有不忍人之政矣. 以不忍人之心 行不忍人之政 治天下可運之掌上.

맹자가 말했다. "사람은 누구나 다른 사람에게 위해가 가해지는 것을 참지 못하는 마음을 갖고 있다. 옛 성왕은 사람에게 위해가 가해지는 것을 참지 못하는 마음을 갖고 있었으므로 백성들에게 위해가 가해지는 것을 참지 못하는 그런 정치를 하였다. 다른 사람에게 위해가 가해지는 것을 참지 못하는 마음을 갖고, 백성들에게 위해가 가해지는 것을 참지 못하는 그런 정치를 하면 마치 손바닥 위에서 물건을 굴리듯 천하를 쉽게 다스릴 수 있다."

-「공손추 상」

불쌍히 여기는 마음은 자연스러운 소극적 감정의 발산이기도 하지만, 적극적인 의미에서는 '다른 사람에게 위해가 가해지는 것을 참지 못하는 마음'으로의 발전이다. 예를 들어 백주 대낮에 폭행을 당하고 있는 사람을 보면 불쌍한 마음이 든다. 나서서 말리고 싶은 자연스러운 마음이 들지만, 거기서 더 나아가 그런 일이 벌어지지 않도록 적극적으로 사회와 정치를 바꾸어야 한다는 것이다. 맹자는 '참지 못하는 마음'을 가진 통치자가 백성들에게 위해가 가해지는 것을 차마 참지 못하는 정치를 함으로써 문제는 해결되고 행복한 세상이 될 것이라 믿었다. 그렇다면 전쟁도 백성을 위험에 빠뜨리는 것이고, 힘으로 억누르는 패도(霸道)정치도 백성을 괴롭히는 것이고, 과도한 벌금이나 형벌도 백성을 힘들게 하는 것이다. 당연히 맹자는 이런 정치를 반대했다.

통치자가 불인인의 정치를 행하면 모든 사람이 불인인의 마음을 발휘하게 될 것이고, 마침내 온 세상에 어진 사람만 존재하게 된다는 얘기는 어떤 면에서 심한 낙관론이다. 동정심에 바탕을 둔 정치는 자칫 무질서와 위험을 부를 수도 있기 때문이다. 불쌍하다고 봐주면 좋은 사람이라는 평가는 받겠지만, 결국 아무 결정도 못 내릴 수 있다. 여기서 맹자는 정치가에게 강인불발의 정신을 요구한다. 『맹자』 곳곳에는 진정한 용기에 대해 다루고 있는데, 무왕(武王)처럼 한 번 화를 내면 천하의 백성들이 편안해지는 정치야말로 진정한 용기의 실질이라는 것이다. 맹자가 주창한 호연지기(浩然之氣)나 대장부의 정치는 정치가의 강한 정신과 마음 수양에 대한 폭넓은 요구다. 「이루 상」 편을 보면 성인이라 표현되는 최고의 정치가는 불인인의 정치를 하기 위해 자신의 눈과 귀, 마음, 생각 등 모든 것을 다 바치는 사람이다. 불인인의 정치는 아무나 할 수 있는 일이 아니다.

감화의 정치

『맹자』에는 본성에 대한 이야기보다 마음(心)에 대한 이야기가 훨씬 많아 모든 편에 등장하며 폭넓게 다루어지고 있다. 맹자가 발견한 동물과 다른 인간만의 특질은 선한 본성이 아니라 도덕을 실천할 수 있는 마음이다. 사단을 다룬 「공손추 상」 편을 보면 "불쌍히 여기는 마음이 없으면 사람이 아니며, 부끄러워하는 마음이 없으면 사람이 아니며, 사양하는 마음이 없으면 사람이 아니며, 옳고 그름을 구별하는 마음이 없으면 사람이 아니다"라고 한다. 이 네 가지 마음 때문에 인간만이 도덕의 완성을 이룰 수 있으며 권력의 정치를 비판할 수 있다는 것이다. 맹자는 이렇게 마음을 통해 정치와 윤리를 훌륭하게 결합시켰다.

그래서 사람이면 누구나 갖고 있는 이런 마음을 확충(擴充)시켜 내 집 노인을 공경하듯 이웃 노인을 공경하고, 내 아이를 아끼듯 이웃 아이를 아껴야 한다고 주장한다. 맹자는 은혜를 넓혀간다는 의미에서 '추은(推恩)'이란 개념을 사용한다. 그리고 천하를 손바닥 위에 올려놓은 듯 다스리기 쉬운 방법이라면서 확충의 정치를 강조한다.

詩云 刑於寡妻 至於兄弟 以御於家邦 言擧斯心加諸彼而已. 故推恩足以保四海 不推恩無以保妻子. 古之人所以大過人者無他焉 善推其所爲而已矣.

『시경(詩經)』에 '내 아내에게 모범이 되고, 다시 형제에게 이르고, 더 나아가 가문과 나라로 넓혀지리!'라는 말이 있다. 이는 공경하고 사랑하는 마음을 더 멀리 넓혀가라는 말이다. 그래서 은혜를 넓혀나가면 온 세상 백성들의 생활을 다 안정시킬 수 있지만, 은덕을 넓히지 못하면 자기 처자식도 지킬 수 없다. 옛날 현인이 보통사람들보다 크게 뛰어났던 점은 다른 것이 아니라 자신의 훌륭한 행위를 누구보다 잘 넓혀나간 데 있기 때문이다.

-「양혜왕 상」

통치자가 자기 자식을 사랑하듯 백성들을 사랑한다면 또는 모든 관료들이 자기 집안을 위하듯 나라를 위한다면 확실히 온 세상이 편안해질 것이다. 하지만 그런 마음을 갖기가 쉽지는 않은데, 맹자는 사람의 마음만 있으면 누구나 가능한 것으로 본다. 맹자 경세론의 또 다른 기초는 이렇게 위정자가 은덕을 베풀어 백성들을 감화시키고, 감화를 받은 백성들이 한결같이 도덕을 확충해가는 선순환의 과정이다. 그러니까 맹자에게 도덕정치의 범주는 단순한 권력세계뿐만 아니라 자기 자신과 부모, 마을 그리고 국가로 확충되는 일련의 과정이다.

아울러 맹자는 위정자의 솔선수범을 통해 그러한 세상을 이룰 수 있다고 보았다. 유가 사상가들은 교화(敎化)를 정치철학의 기본으로 삼는데, 최고통치자가 위에서부터 모범을 보이면 아래 백성들이 감화를 받아 도덕적 행동을 하게 된다는 것이다. 맹자는 '차마 참지 못하는 마음'을 끝없이 확충하면 인의가 차고 넘쳐 왕도를 이룰 수 있다고 말한다. 이는 유교사회에서 교육의 지침이었으며 전통시대 우리 선인들의 가치관을 결정지은 수많은 구체적인 덕목들, 예컨대 인의나 충신, 우애, 공경, 충효, 오륜 등의 덕목도 이렇게 만들어지고 보급되었다.

결국 감화의 정치는 위정자의 마음수양이 관건이다. 정치지도자들은 권력이나 관직 따위를 중시하는 하찮은 정치행위를 해서는 안 되고 천작(天爵), 즉 하늘이 내린 존귀한 길인 인의의 실천을 교화정치의 핵심으로 삼아야 한다. 마음을 기른다는 맹자의 양심(養心)설은 도덕수양을 정치의 요체로 본다는 주장이다. 그 방법은 추은, 즉 확충이며 출발은 집 안에서 비롯한다. 「이루 상」 편에서 맹자는 "인(仁)의 실질은 사친(事親), 즉 부모를 잘 섬기는 것이고, 의(義)의 실질은 종형(從兄), 즉 형을 잘 따르는 것이다. 지(智)의 실질은 이 둘을 헤아려 어느 것 하나 버리지 않는 것이고, 예(禮)의 실질은 이 둘을 적절하게 조절하고 꾸미는 것이다"라고 한다.

'정치'란 인간관계의 총체적 조화를 말하는데, 맹자는 인간관계가 출발하는 부모형제와의 관계로부터 정치라는 궁극적 실체를 끌어내고 있다. 현대 정치학에서 '가치의 권위적 배분' 운운하며 정치를 추상적으로 정의하는 것보다 훨씬 구체적이다. 부모형제와의 관계에는 이해타산이 개입하지 않고 천륜과 인륜의 즐거움이 존재하는데, 집안에서 천하로 확충하여 세상 사람 모두가 이해타산 없이 즐거워지는 정치를 구상한 것이라 할 수 있다. 권력을 중심으로 벌어지는 이해관계의 소산으로 정치를 보지 않고, 인간의 자연스러운 감정에서 비롯된 마음의 확장으로 설명한 것이다.

'감화'란 위로부터의 교화에 대한 아래의 감동이다. 다시 말해 착하게 되는 것이고, 바람직한 방향으로 바뀌는 것이다. 감화의 정치는 최고지도자가 천륜과 인륜에 따르는 훌륭한 행위를 통해 백성들에게 좋은 감동을 선물하는 것이다. 전통시대 유교적 통치의 핵심이었던 효(孝)는[5] 맹자 사상의 중요한 논리적 근거였다. 맹자는 힘의 정치질서에 대한 윤리의 우위를 설명할 수 있는 기초를 마련했다. 그래서 모든 구성원들이 인의를 실천하고 또 확충함으로써 세상사람 모두가 즐겁게 사는 왕도사회가 도래하는 것이다. 맹자는 이런 세상을 만드는 매개자로써 정치가를 '군자'라 불렀다.

군자의 정치

'군자(君子)'는 글자 그대로 각 지역을 다스리는 군주의 자제를 뜻했다. 그들은 지식으로 무장했으며 권력과 부를 독점했다. 또 군주 옆에서 군주를 보좌하며 통치를 수행하는 계급이었다. 춘추전국 시대에 철기가 보급되어 잉여가 생기고, 신분의 변동과 지식의 보편화가 이루어지기 전까지 군자는 사회를 이끄는 정치지도자들이었다. 공자는 이들에 주목했다. 자신의 주장인 덕치를 시행하기 위해서는 우선 군자들이 유덕해야 했다. 그래서 오늘날 우리가 알고 있는 풍성한 인격의 소유자로서 '도덕군자'라는 개념의 원형이 공자에 의해 만들어졌다.[6]

맹자는 공자의 이 개념을 더욱 발전시켰다. 마음수양이 잘된 높은 도덕의 소유자로 군자를 정의하고, 모든 사회구성원이 지향해야 할 정치가의 모범으로 삼았다. 따라서 맹자의 교육사상을 종합하면 '군자 만들기' 교육이라 할 수 있다. 군자는 보통 사람과 다르다.

孟子曰 君子所以異於人者 以其存心也. 君子以仁存心 以禮存心. 仁者愛人 有禮者敬人. 愛人者人恒愛之 敬人者人恒敬之.

맹자가 말했다. "군자가 보통 사람과 다른 까닭은 그가 사람다운 마음을 보존하고 있기 때문이다. 군자는 인(仁)으로써 그 마음을 지키고, 예(禮)로써 그 마음을 지킨다. 어진 사람은 백성을 사랑하고, 예의를 갖춘 사람은 백성을 공경한다. 백성을 사랑하면 백성도 항상 그를 사랑할 것이며, 백성을 공경하면 백성도 항상 그를 공경할 것이다.

-「이루 하」

맹자의 일관된 주장은 '마음'이다. 사람다운 마음은 타인 또는 백성을 불쌍히 여기는 마음이다. 군자의 마음은 큰마음이다. 어떤 백성이 부당한 횡포를 부릴 경우, 군자는 자기 스스로를 반성하며 정성과 예의를 다하지 못한 부분이 있나 생각해보는 사람이다. 또 맹자의 군자는 한나절 거리 걱정 따위는 하지 않고, 순임금처럼 천하에 본받을만한 사람이 되지 못하는 것을 평생 근심하는 사람이다. 백성과의 관계에서 예의와 공경을 기준으로 삼아 끊임없이 자기반성을 하고, 보다 나은 정치행위를 실천해내는 사람이 군자다.

그러한 군자에 반대되는 사람이 소인이다. 소인은 인의의 '마음'이 없는 사람이다. 소인은 일상의 작은 고민과 사소한 일신의 욕망을 걱정한다. 「고자 상」 편에서 "작은 부분만 열심히 키우는 사람이 소인이고, 큰 부분을 열심히 키우는 사람이 대인이다."라고 하는데, 여기서 대인이 바로 군자다. 군자 또한 사람이므로 먹고 마시고 쉬지만, 그런 작은 부분에 갇히지는 않는다. 천하의 백성을 불쌍히 여기고 구제하려는 마음, 천하 한가운데 우뚝 서서 온 세상 사람들을 행복하게 만들겠다는 마음이야말로 대인군자가 지키는 큰 부분이다. 인의예지가 그 마음에 뿌리를 내리고, 맑고 밝게 얼굴과 사지에 드러나 깨달음을 얻은 지도자가 대인군자다. 이익을 따지는 것은 감각적 욕망에 따르는 것처럼 소인의 행위에 속한다. 순임금처럼 큰 부분, 즉 대체(大體)를 따르는 사람인지 도척(盜跖)처럼 소인인지 구별하고 싶다면 그가 이익을 따지는지 살펴보면 금방 알 수 있다고 한다.

맹자가 생각하는 소인의 정치는 이익을 따지는 정책을 펼치는 경우다. 맹자는 벌금을 통해 질서를 잡으려는 정책, 세금을 많이 거두어 문제를 해결하려는 정책, 돈벌이를 기본노선으로 삼는 행정, 이익으로 민심을 얻으려는 정책 등을 신랄하게 비난한다. 맹자는 이를 방심(放心), 즉 인간만의 위대한 특성인 '마음'을 놓아버린 소인정치의 꼼수라고 부른다. 군자의 정치는 '부귀해져도 그 뜻을 어지럽히지 않고, 빈천해져도 그 뜻을 바꾸지 않으며 어떠한 위협과 폭력에도 그 뜻을 굽히지 않는(「등문공 하」)' 진정한 대장부의 정치다.[7]

일신의 안위나 녹봉을 생각해 떠나야 할 때 떠나지 못하는 것은 졸장부다. 나라에 도가 있으면 나아가 벼슬하고, 도가 없으면 물러나 학문과 자기수양에 정진하라는 것이 공자의 가르침이다. 군자와 대인, 대장부의 정치는 오로지 인의와 도덕에 전념하는 것이어야 한다. 자신의 욕망을 넘어야 하고, 권력과 이익의 유혹을 벗어나야 하고, 부귀영화와 안녕을 바라지 말아야 한다. 이는 누구나 할 수 있는 일이 아니다. 확고한 의지와 엄청난 노력이 뒤따라야 하는 힘든 일이다. 그래서 소인들은 물심양면으로 군자를 돕고 받들고 따라야 한다.

군자는 마음에 힘쓰는 노심자(勞心者)이고, 소인은 힘을 쓰는 노력자(勞力者)다. 군자는 지배하는 사람이며 정치하는 사람이다. 소인은 지배당하는 사람이며 정치적 지배를 받는 사람이다. '군자의 덕은 바람과 같고, 소인의 덕은 (바람에 따라 움직이는) 풀과 같다.'는 명제는 공자와 맹자의 공통된 주장이다. 군자는 모든 백성들이 인의를 행할 수 있도록 자나 깨나 마음을 쓰는 사람이다. 이렇게 마음이 수고로운 정치를 하다 보니 군자는 다른 일을 할 겨를이 없다. 오직 백성의 안위를 위해 노심초사하는 군자를 위해 소인들은 먹고 자고 입는 따위의 사소한 삶의 도구들을 제공하는 것이 당연하다. 세상을 구제하고 도덕의 나라를 만들기 위해 위대한 정치가가 온 정신을 쏟고 있는데 무슨 여가가 있어 농사를 짓고 조석으로 밥을 짓는단 말인가? 맹자는 전답의 곡식을 고민하는 농부와 천하를 경영하는 군자를 비교하지 말라고 한다. '소인들이 군자를 먹여 살리는 것이 맞다'는 맹자의 논리는 정치라는 위대한 인간의 행위에 대한 새로운 자각이었다.[8] 정치에 대한 맹자의 이와 같은 인식이야말로 그의 경세론 및 경제정책의 밑그림이라 할 수 있다.

이익을 따지는 사회는 망한다

이익 다툼의 시대

이익을 따지지 않는 세상이 있을까? 맹자가 활동했던 전국시대는 국가들이 합종(合從)과 연횡(連橫)을 거듭하며 전쟁을 치르고 이익을 다투던 시대였다. 따라서 나라마다 부국강병이 최고의 목표였으며[9)] 똑똑한 인재를 초빙해 국부를 달성하려고 혈안이었다. 당시 일신에 작은 재능이라도 지닌 사람은 여러 나라를 돌며 유세를 했는데, 저마다 자신의 주장이 부국강병에 유리하다고 설득하고 다녔다. 제가백가의 다양한 주장은 대체로 이런 사람들로부터 비롯되었다.

오늘날도 그렇지만 맹자의 시대에도 정부의 최대 관심사는 수단과 방법을 가리지 않고 국부를 달성해 다른 나라보다 우월한 지위에 올라서는 것이었다. 수많은 제후국들이 주변의 작은 나라들을 경쟁적으로 병합하던 춘추시대가 끝나고, 전국시대에 이르자 큰 일곱 나라와 그 사이에 끼인 작은 몇 나라로 재편되었다.[10] 이를 '전국 7웅'이라 부른다. 이 일곱 나라는 과거 중앙 왕실인 천자의 나라에 필적하는 땅 크기의 만 승(乘), 그러니까 20~30만 명의 군사를 출동시킬 수 있는 거대한 나라들이었다. 하지만 각국 정부의 관심사는 땅을 더 넓히고 인구를 더 늘리는 것이었다. 그래서 세금원과 군사적 자원을 늘리기 위해 다양한 개혁정책을 실시했다.

처음으로 개혁에 성공해 나머지 나라들을 호령하고 중앙 왕실을 압박한 나라는 위(魏)나라였다. 위나라 개혁의 핵심은 '진지력지교(盡地力之敎)'라고 불리는 토지정책과 명령체계가 일원화될 수 있도록 군주의 권한을 강화하는 것이었다. 위나라는 관개시설과 같이 농업에 유리한 환경을 조성하고, 백성들이 농사를 통해 쉽게 잉여를 거둘 수 있게 함으로써 주변 백성들을 불러 모았고, 강한 나라로 군림할 수 있었다. 이후 일곱 나라의 개혁정책은 위나라를 모범으로 삼았다. 그리하여 남쪽의 초(楚)나라, 동쪽의 제(齊)나라, 서쪽의 진(秦)나라 등이 초강대국으로 성장했다. 그 사이에 끼어 약화된 나라들은 생존을 위해 마찬가지로 개혁정책을 실시했고, 정책의 핵심은 역시 국부창출과 군권강화였다.

약소국 군주와 정부가 이익을 추구한 것은 내적 역량을 집

결시키기 위한 생존전략이었다. 반면 강대국 군주와 정부가 국부를 계속 늘리고 천하의 이익을 빨아들이려는 목적에는 유명무실해진 왕실을 뒤엎고, 천하를 차지하려는 욕망이 감추어져 있었다. 그들은 강력한 군주 중심의 권력집중을 필요로 했으며 전쟁을 통해 땅을 빼앗고 패자가 되어 힘으로 천하를 통일시키고자 했다.

따라서 맹자가 직면한 정치현실은 오로지 부강만을 추구하는 거대한 시대조류였다. 맹자도 유세를 다녔고, 인구를 늘리는 데 관심이 많았으며 백성들의 잉여를 중요시하였고, 천하통일을 바랐다. 하지만 당시의 정부방침과 방법이 달랐다. 그는 오로지 경제력과 군사력 강화를 목표로 하는 군주들에게 힘과 이익을 국가목표로 삼아 정치를 하면 결국 나라가 망할 것이라 경고했다. 그래서 맹자는 먼저 이런 시대분위기를 출발시킨 위나라로 갔다. 그리고 부강과 이익을 이야기하는 양혜왕의 관념을 비판하는 것으로 『맹자』가 시작된다.

하필 이익을 말하는가

사마천(司馬遷)은 『사기(史記)』 「맹자순경열전(孟子荀卿列傳)」에서 다음과 같이 이야기한다. "나는 맹자의 책을 읽으면서 양혜왕이 '어떻게 하여 우리나라를 이롭게 하겠느냐?'고 묻는 대목에 이르러 책을 덮고 이렇게 탄식하지 않은 적이 없었다. '아아, 이익이야말로 분란의 시작이로다! 공자님께서 이익에 대해 거의 말씀하지 않으신 것은 언제나 분란의 원인을 막아보고자 함이 아니었겠는가!' 그래서 공자님은 '이익에 뜻을 두고 행동하면 원망이 많아진다'고 하셨다. 천자로부터 서민에 이르기까지 이익을 좋아해서 생기는 폐단이 어찌 다르겠는가!"

여기서 사마천은 『맹자』를 제대로 읽고 있지만, 맹자가 이(利)의 개념 자체를 부정한 것은 아니다. 맹자는 인의나 도덕보다 이익이 사회의 중심가치가 되는 것에 반대한 것이다. 특히 정치지도자들이 이익을 거론하며 세상을 이익다툼의 장으로 끌고 가는 것에 철저히 반대했다. 『맹자』 첫 편 첫 장에 나오는 양혜왕과의 대화를 주의 깊게 살펴보자.

孟子見梁惠王. 王曰 遠千里而來 亦將有以利吾國乎? 孟子對曰 王何必曰利? 亦有仁義而已矣. 王曰 何以利吾國? 大夫曰 何以利吾家? 士庶人曰 何以利吾身? 上下交征利而國危矣. 萬乘之國弑其君者 必千乘之家 千乘之國弑其君者 必百乘之家. 萬取千焉 千取百焉 不為不多矣. 苟為後義而先利 不奪不饜. 未有仁而遺其親者也 未有義而後其君者也. 王亦曰仁義而已矣 何必曰利?

맹자가 양혜왕을 알현했다. 왕이 말했다. "노선생께서 천리를 멀다 않고 오셨으니 장차 우리나라에 이익을 가져다주려는 것이겠지요?" 맹자가 대답했다. "왕께서는 하필 이익이라는 말씀을 하십니까? 그저 인의만 얘기하셔야 합니다. 왕께서 '어떻게 해야 우리나라에 이익이 될까?'라고 말씀하시면 대부들은 '어떻게 해야 우리 가문에 이익이 될까?'라고 말할 것이며, 사와 서민들은 '어떻게 해야 내 몸에 이익이 될까?'라고 말할 것입니다. 위아래서 서로 이익을 다툰다면 그 나라는 위험에 빠집니다. 만 대의 전차를 가진 큰 나라에서 자기 군주를 시해할 사람은 필경 천 대의 전차를 가진 대신의 가문일 것입니다. 천 대의 전차를 가진 나라에서 자기 군주를 시해할 사람은 필경 백 대의 전차를 가진 대부의 가문일 것입니다. 전차 만 대의 나라 안에서 천 대의 전차를 가지고 있고, 전차 천 대의 나라 안에서 백 대의 전차를 가지고 있다는 것은 적다고 할 수 없습니다. 그럼에도 대의를 뒤로 미루고 이익만 앞세우기 때문에 남의 것을 빼앗지 않고는 만족하지 못하는 것입니다. 어질면서 자기 부모를 버리는 사람은 없으며, 의로우면서 자기 군주를 나중에 생각하는 사람은 없습니다. 왕께서는 인의만을 말씀하셔야 합니다. 왜 하필 이익을 말씀하십니까?"

-「양혜왕 상」

자세히 보면 맹자의 걱정은 위아래가 서로 이익을 다투어 나라가 위험해지는 상황을 말하고 있다. 그리고 이익다툼은 갖지 못해 벌어지는 것이 아니라 더 많이 가지려는 욕망 때문에 다른 사람의 것을 빼앗는 형태로 이루어진다고 진단한다. 맹자는 이익 앞에 부모도 군주도 소용이 없는 처참한 세상이 되는 것을 걱정한 것이다. 일반인이라면 모르지만 '왕'이 그런 말을 해서는 안 된다는 것이다. 오늘날에도 정치인들의 비리는 대부분 사적인 이익추구와 관련한다는 점에서 맹자의 걱정은 천고에 통용되는 것이라 하겠다. 세상이 이해타산의 경연장이 되는 것이 어떻게 좋은 세상이란 말인가? 나라를 이끄는 정치지도자가 왜 하필 이익을 말하는가?

이익으로 사회가치가 일원화되는 데 대해 맹자가 그토록 반대한 또 다른 이유 하나는 묵가(墨家)사상과 관련이 있다. 『맹자』에 따르면 당시는 바른 세상을 위해 고민한 공자님의 위대한 말씀이 날로 잊혀지고, 일신의 안일만 추구하는 양주(楊朱)의 학설, 부모와 군주도 인정하지 않는 금수 같은 묵적(墨翟)의 사상이 만연하고 있었다. 맹자는 곳곳을 돌며 "자신이 이토록 세상을 돌며 인의도덕을 외치고 다닌 이유는 양주나 묵적의 주장을 없애려는 목적 때문"이라고 말한다.

묵가는 '겸상애(兼相愛)'와 '교상리(交相利)'를 내세운다. 나와 남을 차별하지 않고 아끼면 서로에게 이익이 된다는 주장이다. 특히 전쟁은 서로를 파괴하고 서로 손해를 보는 행위이기 때문에 절대로 해서는 안 된다고 말한다. 「고자 하」 편에는 묵가의 한 사람인 송경(宋牼)과 맹자의 논쟁이 실려 있다. 진나라와 초나라가 전쟁을 하려고 하자 송경은 두 나라의 왕을 만나 전쟁이 모두에게 손해라며 설득하려 했는데, 맹자는 양혜왕에게 했던 것과 똑같은 비판을 퍼붓는다. 인의가 아니라 이익을 가지고 설득해 설령 전쟁이 멈췄다고 한들 상하 모두 이익 때문에 그리 되었다 생각할 것이고, 마침내 모두가 '이익을 따져 군주를 섬기고' '이익을 따져 부모를 모신다면' 세상이 어떻게 될 것이냐는 것이다. 맹자는 이익을 따지는 나라가 망하지 않았다는 얘기는 들어본 적이 없다고 말한다. 여기서도 맹자는 똑같은 결론을 짓는다. 인의가 있는데 왜 하필 이익을 말하는가?

이익보다는 인의

이익은 누구나 바라는 것이다. 그러나 최고정치지도자가 되어 공공연하게 이익을 내세워서는 안 된다. 맹자가 내세운 사회가치의 중심은 '인의'다. 이익이 사회가치의 중심이 되면 상하 모두 이해타산의 대결장이 되지만, 인의가 사회가치의 중심이 되면 누구나 인의를 위해 노력하기 때문에 부모자식 간에 자애와 봉양이 중시되고, 군주신하 간에 예의와 충성이 중시되고, 어른아이 간에 우애와 공경이 중시되고, 부부 간에 각기 다른 역할이 중시되고, 친구 간에 신뢰와 믿음이 중시되는 건강한 세상이 된다는 것이다. 이처럼 맹자는 사회의 기본 조직이 원만하고 평화롭게 유지되는 데 중점을 두고 있다.

『맹자』 곳곳에는 맹자가 제자 또는 다른 사람들의 반론에 대해 자신의 주장을 변호하는 논쟁이 실려 있다. 이 때문에 당시 사람들은 맹자를 가리켜 '논쟁을 좋아하는 사람'이라 평가한 듯하다. 논쟁을 좋아하느냐는 질문을 받고 맹자는 자신이 논쟁을 좋아해서 이익보다 인의를 강조한 것이 아니라 "혹세무민의 온갖 사설이 인의를 가로막고 있기 때문이다. 인의가 가로막히면 짐승을 몰아 사람을 잡아먹고, 장차 사람끼리 서로 죽이고 죽게 될 것(「등문공 하」)"이기 때문에 논쟁한다고 말한다. 이해타산 때문에 세상이 약육강식의 적나라한 대결장이 되는 것이 두려워 논쟁을 통해 옛 성인의 도인 인의를 주창하게 되었다는 것이다. 공자가 『춘추(春秋)』를 쓴 목적은 신하가 군주를 죽이고 자식이 애비를 죽이는 막장 사회에 대해 경종을 울리려는 것이었다. 세상이 이익만을 따져 폭력화되고, 정치가 그릇되어 사이비 학설이 유행함으로 인해 맹자 또한 어쩔 수 없이 논쟁한다는 것이다. 그리고 자신은 하늘을 우러러 한 점 부끄러움이 없고, 그 어떤 사람을 대할 때도 전혀 창피하지 않다고 주장한다.

정치는 현실이다. 당장 눈앞에 부강과 이익이 보이는데, 현실 정치가들이 너무 멀어 보이지도 않는 인의도덕에 관심을 가질 리 없다. 이는 예나 지금이나 마찬가지다. 특히 오늘날 자본주의 시각에서 보면 이익보다 인의가 중요하다는 주장은 시쳇말로 '아무 영양가 없는' 공리공담(空理空談)에 불과할 수 있다. 사실 맹자 시대에도 마찬가지였다. 인의도덕을 강조한다고 해서 무너져 가는 위계질서가 되살아날 리 없고, 그런 정책을 펼친다고 하여 다른 나라의 존경을 받거나 국제정치적으로 위상이 높아질 리도 없었다. 맹자는 14년 동안 열 개 가까운 나라에서 유세했는데, 그 가운데 맹자의 말에 귀를 기울인 사람은 아주 작은 나라 등(滕)의 문공(文公) 정도에 불과했다. 큰 나라의 군주인 제나라 선왕과 위나라 혜왕은 이 호방한 정치철학자의 말에 관심은 가졌으나 듣는 척만 했을 뿐이다.

어떤 면에서 보면 강대국 군주들이 맹자를 곁에 두고 귀빈

대접을 하며 그의 말에 관심 있는 척 했던 것은 민심의 통일과 정치적 명분이라는 두 가지 이유 때문이었을 것이다. 식물인간으로 전락하고 말았지만, 아직 주(周) 왕실이 존재하고 있는 상황이었으며 시대는 변했으나 백성들은 여전히 주나라의 옛 정치문화를 기억하고 있었을 것이다. 이 때문에 내부적 민심통일을 바라는 군주들이 주의 예법을 강조하는 맹자의 말을 완전히 무시할 수 없었을 것이다. 정치적 이상이 맞지 않는다고 제나라를 떠나려는 맹자를 만류하며 제의 선왕이 수도 한복판에 고대광실을 지어주겠다 약속한 것은 이런 이유 때문이었을 것이다. 두 번째 이유는 맹자의 말이 눈앞의 국익에는 별 도움이 되지 않을 것 같지만, 정치적 명분을 살리고 지배정당성을 확보하는 데 도움이 될 수 있었기 때문이다. 현실적 부강을 달성하는 데 큰 공헌을 한 법가사상이 순식간에 소멸한 데 비해 맹자의 정치철학은 역사적 명분을 축적하며 오늘날까지 유행하고 있다. 이를 보면 당시의 군주들도 맹자의 말 속에서 청취할만한 정치적 의미를 발견했던 듯하다.

또 앞에서 얘기했듯 맹자는 군주들에게 왕도정치의 실현이 중요하므로 이익을 정치의 중심 가치에 두지 말라고 그저 요구했을 뿐이다. 그는 이익 개념 자체를 거부한 것은 아니다. 오히려 백성들의 이익은 잘 챙겨주어야 한다고 강조한다. 『맹자』에는 이와 관련한 수많은 경제정책이 담겨 있다. 맹자는 선비 군자만이 인의를 지키고 흔들리지 않는 굳건한 도덕심을 가질 수 있으며, 일반 백성들은 자기 생업을 가지고 충분히 먹고 살 수 있도록 만들어주었을 때 비로소 군주의 정치에 복종한다고 주장한다. 맹자의 유명한 항산, '항심론'은 바로 여기에서 나온 이야기다.

항산이 있어야 항심이 있다

항산과 항심

맹자가 꿈꾸는 세상은 모든 사람들이 도덕심을 가지고 인의를 실천하며 살아가는 왕도사회다. 항상 일정한 도덕적 심성, 즉 항심(恒心)을 지키고 사는 사람은 공부와 덕행에서 높은 성취를 이룬 사람만 가능하다. 앞에서 언급했듯이 선비와 군자, 대인, 대장부로서 정치를 하는 사람은 그 자체가 너무 힘든 정신노동을 하는 것이므로 굳이 손발을 놀리는 돈벌이를 하지 않아도 된다. 반면 일반 백성들은 항상 일정한 생업, 즉 항산(恒産)이 있어야 내면의 도덕심을 유지할 수 있다. 직장을 다니든지, 농사를 짓든지, 장사를 하든지, 공무원을 하든지 자기 직업을 갖고 있어야 도덕심을 지킬 수 있다.

보통 사람들은 생업이 없거나 고난이 생기면 쉽게 도덕적 심성을 잃고 온갖 사회적 해악을 일삼게 된다. 그래서 통치자는 무엇보다 먼저 백성들이 안심하고 생업에 종사해 충분히 먹고 살 수 있도록 해주어야 한다. 이것이 어진 정치의 근본이다. 맹자는 등 문공과 제 선왕에게 다음과 같이 똑같은 충고를 한다.

無恒産而有恒心者 惟士爲能. 若民 則無恒産 因無恒心. 苟無恒心 放辟邪侈 無不爲已. 及陷於罪 然後從而刑之 是罔民也. 焉有仁人在位 罔民而可爲也? 是故明君制民之産 必使仰足以事父母 俯足以畜妻子 樂歲終身飽 凶年免於死亡. 然後驅而之善 故民之從之也輕. 今也制民之産 仰不足以事父母 俯不足以畜妻子 樂歲終身苦 凶年不免於死亡. 此惟救死而恐不贍 奚暇治禮義哉? 王欲行之 則盍反其本矣.

항산이 없으면서도 항심을 가지는 것은 오직 선비들만 가능한 일입니다. 일반 백성들은 항산이 없으면 항심도 갖지 못합니다. 항심이 없으므로 부정 탈법 등 온갖 못된 짓을 저지르게 됩니다. 백성들을 죄에 빠지게 한 다음 형벌을 가한다면 이는 백성들에게 그물질하는 행위입니다. 어진 군주가 자리에 있으면서 어찌 백성에게 그물질하는 행위를 할 수 있겠습니까?[11)]현명한 군주는 백성들에게 생업을 마련해주어 반드시 위로 부모를 충분히 봉양할 수 있도록 하고, 아래로 처자식을 충분히 먹여 살릴 수 있도록 해 줍니다. 풍년이 들면 일 년 내내 배

부르게 먹도록 해주고, 흉년이 들어도 굶어죽지 않게 해줍니다. 그런 뒤 백성들을 선으로 유도하므로 백성들이 쉽게 군주를 따르게 됩니다. 그런데 지금은 백성들에게 생업을 마련해주어도 위로 부모를 충분히 봉양할 수 없고, 아래로 처자식을 충분히 먹여 살릴 수 없습니다. 풍년이 들어도 일 년 내내 고통스럽고, 흉년이 들면 죽음을 면치 못하옵니다. 자기 목숨도 보전하기 어려운데 이런 상황에서 어느 겨를에 예의를 익히겠습니까? 왕께서 어진 정치를 행하고자 하신다면 역시 근본적인 문제로 되돌아가셔야 하옵니다.

-「양혜왕 상」

정치의 근본은 백성들에게 생업을 갖게 해주는 것이다. 농업사회에서 생업은 주로 먹거리의 경작이다. 먹을 것을 생산하는데도 부모를 봉양하지 못하고, 처자식이 굶게 된다면 농민들은 반정치적 행위를 하게 될 것이다. '풍년이 들면 일 년 내내 배부르게 해주고, 흉년이 들어도 굶어죽지 않도록 해주는 것'이야말로 어진 정치라는 주장이다.

'의식이 족해야 예절을 안다'는 관자(管子)의 말[12]도 같은 맥락이다. 자기 목숨도 보전하기 어려운데 무슨 인의도덕을 따지겠으며 군주의 명령에 따르겠는가? 공자도 마찬가지지만 유가사상의 기본정책 아이디어는 민생과 교화를 두루 갖추어 왕도를 실현하는 것이다. 하지만 둘 가운데서 특히 민생을 우선시한다. 이를 '선부후교(先富後教)', 즉 먼저 풍족하게 만든 뒤 예의를 가르치는 것이라고 한다.

백성들이 항심을 가질 수 있도록 하는 구체적인 대안으로 맹자는 농가를 위한 세 가지 정책을 제시한다. 첫째, 모든 가구에 5묘(畝)[13]의 땅을 주어 뽕나무를 심고 양잠을 할 수 있도록 지도한다. 그러면 나이 쉰 살 된 사람이 비단옷을 입고 다닐 수 있다는 것이다. 둘째, 모든 가구에 닭과 돼지, 개 등 가축을 길러 새끼를 많이 낳도록 적절히 지도한다. 그러면 나이 일흔 살 된 사람이 고기를 먹을 수 있다는 것이다. 셋째, 8명 가구를 단위로 100묘의 땅을 농지로 제공하고 농사철을 잘 지켜준다. 그러면 농번기에 노력 동원이나 전쟁 동원을 하지 않게 될 것이며, 식구 중 누구 하나 굶주리는 일은 없을 것이라고 한다. 사람마다 조금씩 차이는 있겠지만 맹자가 생각하는 풍족함을 느끼는 민생정책은 이와 같다. 늙은이가 비단 옷을 입고 고기를 먹으며 추위와 굶주림에 떠는 백성들이 없는 세상이 맹자가 생각한 항산이다.

이렇게 항산이 이루어지면 그 다음엔 가르쳐야 한다. 각지에 상서(庠序)[14]의 각종 학교를 설립해 교육을 하되 기본은 효제(孝悌)를 가르친다. '효'는 부모에 대한 섬김이요, '제'는 어른에 대한 공경이다. 효제교육을 잘 하면 젊은이들이 알아서 양보하고 앞장서 실천하므로, 머리가 흰 사람이 무거운 짐을 이거나 지고 길거리에 다니는 일이 없게 된다는 것이다. 효를 통해 가정의 질서가 잡히고, 제를 통해 사회의 질서가 잡히면 그게 바로 왕도의 실천이다.

정전제

백성들에게 항산이 있도록 하려면 기본적으로 공평한 토지 분배가 전제되어야 한다는 맹자의 생각은 「등문공 상」 편에 잘 드러나 있다. 등의 문공은 세자 시절부터 맹자를 존경했고, 군주가 되어서는 맹자의 아이디어를 정책에 그대로 반영하고자 했다. 맹자의 거대한 구상들을 다 반영하기엔 규모가 너무 작은 나라였지만, 맹자의 구체적인 생각이 잘 드러나 있는 대목이다.

토지정책의 핵심은 '정전제(井田制)'다. 정전제는 주나라 초 실시된 이상적인 토지분배와 세금제도를 통칭하는 말이다. 그런데 이에 대한 구체적인 설명이나 해설은 어디서도 찾을 수 없다. 맹자가 여기서 다루고 있는 내용이 거의 정설이 되어 전해졌으며 당송 시대에 토지정책으로 수없이 거론되기도 했다. 특히 정전제는 유교이상국을 꿈꾼 조선시대 유학자들 사이에 대대적으로 논쟁이 이루어진 제도이기도 하다.[15] 등의 문공이 필전(畢戰)을 시켜 우물 정(井)자로 된 토지정책, 즉 정지(井地)에 대해 문의하자 맹자는 이렇게 대답했다.

請野九一而助 國中什一使自賦. 卿以下必有圭田 圭田五十畝. 餘夫二十五畝. 死徙無出鄉 鄉田同井. 出入相友 守望相助 疾病相扶持 則百姓親睦. 方里而井 井九百畝 其中爲公田. 八家皆私百畝 同養公田. 公事畢 然後敢治私事.

성 밖 농지에 9분의 1 세제를 적용해 조(助)법을 실시하고, 성 안의 경작지에는 10분의 1 세제를 적용해 자발적으로 납부하도록 하십시오. 경(卿) 이하는 반드시 규전(圭田)을 두되 규전은 50묘로 합니다. 나머지 모든 장정에게 25묘씩 분배하십시오. 죽어서도 제 마을을 떠나 이사하는 일이 없을 것이고, 마을에 분배된 같은 정전(井田)에서 일을 하게 될 것입니다. 그러면 서로 드나들면서 친하게 지낼 것이고, 서로를 지켜보며 돌봐주게 될 것이며, 질병이 나면 서로 부축하여 줄 것이니 백성들의 친목이 돈독해질 것입니다. 사방 1리(里)를 1정(井)으로 나누어 아홉 개 정이 각 100묘씩 되게 합니다. 그 가운데 100묘를 공전(公田)으로 삼습니다. 여덟 가구가 모두 사적으로 100묘씩 경작하고, 공적으로 함께 공전을 돌봅니다. 공전의 일이 끝난 뒤 감히 사전의 일을 보도록 지도해야 합니다.

-「등문공 상」

기본적으로는 앞에서 얘기한 8명 식구 한 가구당 100묘의 토지를 경작하는 원칙과 같다. 그것을 8가구씩 묶는다. 사방 1리(里)를 우물 정자처럼 9칸으로 토지를 나누어 각 가구당 그 하나(9분의 1)를 사전(私田)으로 경작하고, 8가구가 공동으로 나머지 공전(公田) 100묘를 경작한다. 공전의 산출은 공가의 세원으로 충당하므로 실제 세금은 9분의 1을 내는 셈이다.

여기서 맹자의 기획 의도는 크게 두 가지다. 하나는 위의 언급처럼 백성들이 수망상조(守望相助)하게 된다는 것이다. 서로 드나들며 친하게 지내고, 서로 돌봐주고, 서로 부축하여 친목이 돈독해진다는 얘기다. 그러면 당연히 사회질서는 양호해질 것이고 왕도정치가 실현될 것이다. 둘째는 경계(經界)를 분명히 해 공정한 세상을 실현한다는 것이다. 맹자는 "어진 정치는 반드시 경계로부터 시작된다"고 말한다. 경계가 공정하지 못하고 정전이 고르지 못하면 수입에 불평등이 생기게 되고, 결국 폭군이나 탐관오리가 등장하니 이는 경계의 불분명함에서 생겨난다는 것이다. 맹자는 필전에게 이렇게 충고한다. "경계만 공정하게 정해진다면 분전제록(分田制祿), 즉 농지의 분배와 녹봉의 제정 정도는 앉아서도 쉽게 정할 수 있다."

또 「만장 하」 편은 토지와 녹봉제도의 전반을 다루고 있다. 전체는 네 등급으로 나뉘는데 천자는 땅이 사방 천 리, 공후(公侯)는 사방 5백 리, 백(伯)은 사방 70리, 자남(子男)은 사방 50리다. 대부(大夫)는 백에 해당하는 토지를 받고, 사의 으뜸인 원사(元士)는 자남에 해당하는 토지를 받는다고 한다. 큰 나라의 군(君)은 경(卿)의 10배, 경은 대부의 네 배, 대부는 상사(上士)의 두 배 등으로 규정하고, 봉록은 농업생산을 충분히 대신할 수 있어야 한다고 한다. 농부는 앞에서 언급했듯 100묘의 땅을 받는데, 토질에 따라 상농부(上農夫)는 9인을 먹여 살릴 수 있을 만큼 주고, 그 다음은 8인, 중간은 7인, 그 다음은 6인, 하농부는 5인을 책임지는 방식으로 녹봉에 차이가 난다고 구분해 놓았다.

물론 맹자의 기대처럼 어진 정치가 공정한 토지분배와 공동

경작만으로 이루어지기는 어려울 것이다. 토지분배란 복잡한 사회학적 요인이 작용하는 것이며 지리적으로도 그렇게 평탄하게 정할 수 있는 것이 아니다. 농토의 상하차등과 경작지의 좋고 나쁨이 너무 많은 차이를 드러내기도 한다. 공동경작도 마찬가지다. 맹자의 상상처럼 서로 화목할 수도 있겠지만, 인간은 내 것이 아닌 땅의 경작물에 대해 소홀해지기 마련이며 게으른 책임을 공동경작자에게 미루기 일쑤다. 여기서 맹자가 더 신경을 쓴 부분은 아무래도 항심인 듯하다. 인간의 선한 본성과 도덕이성에 호소하는 일관된 주장을 하는 것이다. 그리고 그 정점에 군자가 존재하기 때문에 농사를 짓는 야인(野人)과 그들이 받드는 군자의 상호분업 작용 속에서 어진 정치를 성공시킬 수 있다고 본 것이다. 맹자가 등 문공에게 전달한 마지막 말은 "군자가 없으면 야인을 관리할 수 없고, 야인이 없으면 군자를 기를 수 없다(無君子莫治野人 無野人莫養君子)"였다.

분업론

"군자는 항산이 없어도 항심을 유지할 수 있지만, 일반 백성은 항산이 없으면 항심을 유지할 수 없다"는 맹자의 말은 사람마다 하는 일이 다를 수 있음을 뜻한다. 유가 사상가들에게 가해지는 공격의 상당 부분은 이와 같은 신분차별, 직업차별, 남녀차별, 적서차별, 장유차별 등 차별의식에 집중되어 있다. 실제로 애(愛), 즉 '사랑'을 정치철학의 공통된 화제로 삼으면서도 묵가는 차별이 없는 겸애(兼愛)를 주장하지만, 유가는 차별이 있는 별애(別愛)를 내세운다. 가족에 대한 사랑을 마을, 더 나아가 천하로 넓혀간다는 주장은 자기 자식을 남의 자식보다 더 사랑한다는 차별에 기초한 것이 확실하다.

문제는 그 차별을 나쁘게 보는 것이 아니라 인간의 본성으로 본다는 점이다. 그래서 묵자의 무차별한 겸애(兼愛)는 부모자식 사이의 천륜을 무시한 것이고, 본성에 위배되는 것이라고 공격한다. '겸애하면 서로 이익'이라는 묵자의 주장은 사실 다소 감상적이고 종교적이다. 자기희생을 전제해야 가능하기 때문이다. 자연적 본성으로 본다면 유가의 차별은 본능적이고 사회적이다. 맹자의 용어를 빌리면 '확충'이라는 정치적 노력이 필요하고, 그 결과는 구체적인 현실로 드러날 수 있다.

항심을 유지하면서 사랑을 확충하고 그로써 모든 백성을 좋은 세상으로 이끄는 정치가, 즉 군자는 매우 힘든 일을 하는 사람이다. 맹자는 이를 '노심자(勞心者)'라 부른다. 맹자의 논리에 따르면 노심자는 가족을 잘 이끌 뿐만 아니라 동네를 위해서도 고민해야 하고, 나라를 다스리면서 천하의 백성을 행복하게 만드는 정치에 온 정성을 다하는 사람이다. 따라서 육체노동 한 가지에 종사하며 생산을 담당하는 피통치자, 즉 '노력자(勞力者)'는 자신이 편안하고 행복하게 경제활동을 할 수 있도록 이끌어 준 노심자인 군자를 위해 일정한 세금을 내고 봉양하며 존경을 보내야 한다.

『맹자』에는 정치하는 사람도 직접 농사를 지어 자기 먹을 것은 자기가 충당해야 한다고 주장하는 농가사상가 진상(陳相)과 의 논쟁이 실려 있다. 진상이 스승 허행(許行)을 칭송하자 맹자는 “허행이 옷도 직접 짜 입는가? 모자도 직접 만들어 쓰는가? 밥을 해먹는 가마솥과 밭을 가는 쇠 보습도 직접 만드는가?”라고 질문한다. “농사일에 방해되는 그런 일은 하지 않고, 곡식과 바꾸어 쓴다”는 진상의 대답에 맹자는 이렇게 힐난한다.

然則治天下獨可耕且為與? 有大人之事 有小人之事. 且一人之身 而百工之所為備. 如必自為而後用之 是率天下而路也. 故曰 或勞心 或勞力 勞心者治人 勞力者治於人 治於人者食人 治人者食於人 天下之通義也.

그렇다면 천하를 다스리는 일은 농사를 지으면서 동시에 할 수 있는 일이란 말입니까? 대인인 정치가의 일이 따로 있고, 소인인 일반 백성들의 일이 따로 있는 법입니다. 그리고 비록 한 사람이 살아가더라도 수많은 수공장인들이 만든 여러 가지 물건들을 갖추어야 합니다. 모든 사람이 자기가 만든 물건들을 사용한다면, 이는 온 세상 사람들을 피로하게 만들 것입니다. 그래서 나는 어떤 사람은 마음을 수고롭게 하는 일을 하고, 어떤 사람은 힘을 쓰는 일을 한다고 말합니다. 마음을 수고롭게 하는 사람, 즉 노심자는 다른 사람을 다스리고, 몸을 쓰는 사람, 즉 노력자는 다른 사람의 다스림을 받습니다. 다른 사람에게 다스림을 받는 사람은 다른 사람을 먹여 살리고, 다른 사람을 다스리는 사람은 다른 사람에 의해 먹여 살려지는 것입니다. 이것이 천하에 통용되는 기본 원칙입니다.

-「등문공 상」

천하에 각자 할 일이 따로 있다는 맹자의 생각은 분업에 대한 고려다. 시루나 농기구를 만드는 도공이나 장인이 따로 있으며, 농사를 짓는 사람이 따로 있고, 천하를 다스리는 일을 하는 사람이 따로 있다는 얘기다.[16] 그것이 천하의 통의(通義)라고 한다. 그러면서 맹자는 또 하나의 예를 든다. 요임금 시절 천하에 홍수가 나서 도저히 농사를 지을 수 없을 때 순(舜)과 익(益), 우(禹) 등이 불철주야 노력해 모두 편안히 살 수 있는 땅을 만들었는데, 무슨 여가가 있어 농사를 지었겠느냐는 것이다.

군자는 사회를 짜임새 있게 유지하는 역할도 한다. 농사는 중요하다. 따라서 농부들에게 적절하게 토지를 분배해주고, 생산력을 높일 수 있도록 지도하는 일도 하며 관문이나 저자의 상인들이 불한당이나 탐관오리들에게 불법징수 당하는 일을 막아주는 일도 한다. 또 수공업자들이나 교육자들이 각자 맡은 일에 따라 모두 적당한 생계를 유지하도록 이끄는 일도 한다. 그러니까 맹자는 한편으로 지식과 경험을 갖춘 사(士) 이상의 계층으로 하여금 통치계급이 되어 도덕심을 가지고 다스리는 일에 종사토록 하고, 다른 한편으로 농업·공업·상업 및 기타 직업에 종사하는 사람들은 군자의 지도 아래 안정된 생계를 유지하며 항산을 하도록 하는 '분업론'을 제기했다고 할 수 있다.

백성과 함께 즐겨라

백성과 재화를 나누라

맹자에게 이익은 인의의 대척점에 있다. 정치가가 이익을 추구해 '인의'라는 본질적 가치를 훼손해서는 안 된다고 한다. 돈벌이가 정치의 목표가 되어서는 안 된다는 주장이다. 물론 경제는 중요한 일이다. 맹자가 추구하는 왕도의 이상사회는 경제적으로 풍요한 상태와 관련이 있다. 「진심 상」 편에는 콩과 조 같은 곡식이 물이나 불처럼 풍족하면 백성들이 모두 인의를 중시하게 된다고 말한다. 민생문제가 정치의 중요한 선결과제임을 맹자 또한 잘 알고 있었다. 그래서 민생까지 이익의 범주에 포함시켜 절대적으로 반대한 것은 아니다. 맹자는 경제적 이익의 추구만을 정치목표로 삼는 데 반대한 것이며 이익의 상대적 가치로서 인의를 강조하기 위해 반대한 것이다.

유가사상가들이 생각하는 경제나 경영은 정치와 동의어다. 경제는 경국제민(經國濟民 또는 經國濟世)의 약자인데 나라를 경영해 백성을 곤궁에서 구한다는 뜻이다. 『좌전(左傳)』「은공 11년」에는 예(禮)만이 경국제민 할 수 있고, 사직을 안정시킬 수 있다고 한다. 한편 맹자는 경영(經營)의 어원에 해당하는 『시경』「대아·영대(靈臺)」 편에 나오는 시구를 인용하면서 국가의 재화를 백성과 더불어 즐기는 것이 인의의 정치라고 강조한다. 중요한 국가기획을 '경(經)'이라 하고, 재화의 운용을 '영(營)'이라 한다. 경제든 경영이든 국가를 보다 나은 곳으로 끌고 가려는 노력이라는 점에서 정치와 같은 의미다. 따라서 맹자 또한 재화의 운용을 십분 중요시한 것이다.

왕도가 행해지는 나라에도 이익은 존재한다. 맹자는 이익에 통달한 사람은 흉년에도 굶어죽지 않는다고 말한다. 물론 그 이익이 인의에 배척되지 않는 경우에 그렇다. 위대한 정치가는 백성들이 마음을 열고 인의를 실천하면서 자연스럽게 풍성한 재화의 혜택을 누릴 수 있도록 이끄는 사람이다.

王者之民 皞皞如也. 殺之而不怨 利之而不庸 民日遷善而不知爲之者.

왕도가 행해진 나라의 백성들은 마음이 크게 열려 있다. 죽임을 당해도 누구를 원망하지 않으며 이익을 가져다주어도 누구의 공로로 여기지 않는다. 백성들은 날마다 좋은 방향으로 발전해가지만 누가 그렇게 해주는지 알지 못한다.

-「진심 상」

정치가들이 재물을 좋아해도 상관없다. 이익을 말할 수도 있다. 모두 경제를 중시하고 경영을 한다. 다만 그것이 백성들과 더불어 나누고 인의를 실천하는 과정이라면 왕도에 배치되지 말아야 한다는 것이 맹자의 주장이다. 제 선왕이 재물을 좋아하는 병이 있어 인의의 정치를 실천하지 못한다고 말하자, 맹자는 「양혜왕 상」 편의 주나라 창업시조를 예로 들면서 "백성들과 함께 나누십시오. 그럼 왕도를 행함에 무슨 어려움이 있겠나이까?"라고 충고한다.

재화가 인의의 정치를 실현하는 바탕이고, 백성과 함께 누리기만 한다면 그것이 곧 왕도라는 주장은 자칫 오해를 불러올 수 있다. 풍성한 재화가 있어야 백성과 함께 누릴 수 있으므로 우선 이익을 창출하는 성장위주의 정책을 정치의 목표로 삼아야 한다는 주장이 있을 수 있다. 맹자가 정치가들에게 경계를 늦추지 말고 이익과 인의가 양립해 있을 때는 과감히 이익을 버리고 인의를 취하라 충고한 이유가 여기에 있다. 이익의 창출을 국가목표로 삼는 성장위주의 정책은 초기엔 공리(公利)의 이유로 추진되겠지만, 결국 사적 이익의 추구가 사회의 중심 가치로 바뀌게 될 것이다. 이는 인의라는 진정한 공의(公義)를 해치게 될 것이고, 모든 인간관계는 이해타산으로 이루어지게 될 것이다. 맹자가 보기에 이는 본성에 위배될 뿐만 아니라 오래

갈 수도 없고, 궁극적으로는 나라를 망하게 만드는 일이다.

맹자의 주장에 따르면 이해관계는 신하가 임금을 죽이고 자식이 부모를 죽이는 사건을 불러온다. 눈앞의 작은 이익 때문에 세상 전체의 질서가 허물어지는 것이다. 먼 미래를 보고 나라를 이끌어야 할 정치가들이 인의가 아닌 이익을 강조한다면 백성들 사이의 긴 싸움을 부추기는 꼴이다. 정치가인 군자는 인의의 큰마음, 즉 대체(大體)를 지키는 착한 본성을 발휘해 이익만 따지는 소인을 통제해야 할 것이다. 「진심 상」 편에서 맹자는 닭이 울면 일어나 이익만 따지는 사람은 희대의 도둑 '척(跖)'과 같은 사람이라고 힐난한다. 맹자는 이익의 추구 때문에 세상 사람들의 선한 마음이 망가져 도둑처럼 될까 노심초사한 것이다.

특히 이익을 따지는 통치자들은 백성과 더불어 공리를 추구하는 것이 아니라 필경 오직 자신의 영달과 관련된 사리를 추구하는 데로 이어지기 십상이다. 그래서 정치가는 정치의 핵심요체인 토지, 인민, 정사(政事)를 보배로 여기고 살아야 하는데, 재물이나 챙기는 사람이 되어버리면 이해관계로 얽힌 사람들에 에워싸여 백성들과 거리가 생길 것이다. 「진심 하」 편에서 맹자는 "옥구슬 따위의 재물을 보배로 여기는 제후는 그 재앙이 결국 제 몸에 미칠 것이다"라고 경고한다. 재화는 중요하나 이를 백성과 나누지 않으면 결국 망하게 된다는 말이다.

여민동락

백성들과 재화를 나누는 방법은 여러 가지가 있을 수 있다. 그러나 중요한 것은 위정자의 태도와 백성을 사랑하는 마음이다. 최고지도자로서 군주는 모든 것을 소유하고 있지만, 그는 자신이 누리는 특권을 백성들과 더불어 즐기는 여민동락의 태도를 가져야 민심을 얻을 수 있다. 백성들이 진심으로 통치자를 사랑하는 경지에 이르러야 장기적으로 정치 안정을 가져올 수 있으며, 이것이 바로 왕도의 실천이다. 여민동락은 단순히 백성들과 더불어 즐기라는 충고가 아니라 자연재화의 공유에 대한 맹자의 깊은 생각이 배어있는 부분이다.

맹자 시대에는 경제의 기반인 농업환경이 비약적으로 발전했다. 마침 철기가 보급되어 철제농구를 사용하게 됨으로써 깊은 밭갈이가 가능해졌고, 자연스레 농업생산성이 늘어났다. 관개수로 등 농업기술도 크게 발전했다. 인구가 늘면서 노동력도 확보되었고, 이로써 잉여와 여유가 생기게 되었다. 경제적 잉여는 교환을 촉진시켰고, 각지에서 특유의 화폐를 주조했다.[17] 화폐경제와 생활의 여유는 공·상업의 발달로 이어졌으며 직업의 분화를 촉진했다. 생활필수품뿐만 아니라 교환가치를 지닌 다양한 재화들이 개발되고, 상인자본과 권력은 서로 밀고 당기며 집중되었다. 돈이 한 곳으로 흘러 빈부차이 또한 발생했다.

당시 군주가 누리는 특권은 꽤 많았다. 「만장 상」 편에도 인용되어 있지만, 당시는 '하늘 아래 모든 땅은 왕의 땅이 아닌 곳이 없고, 땅 위의 모든 존재는 왕의 신하가 아닌 것이 없다.'[18]는 왕토(王土)사상이 지배하고 있었다. 군주는 농업생산물과 국가구성원에 대한 권리 외에도 국가의 모든 재화를 독점했다. 군주는 토지를 독점하고 이를 분배해 세금을 거두었으며 백성을 독점해 전쟁과 작업장에 무시로 동원했다. 이 사상에 따르면 산과 숲, 강, 연못 등 산림천택에서 나는 각종 재화도 국왕의 독점물이 된다. 하지만 통제와 예측이 불가능한 이 천연재화에 대해 원래 자연인으로서 백성들이 함께 취해 갖는 것이 통례였다. 그런데 주나라의 폭군 여왕(厲王)은 산림천택의 자연재화에 대해 독점을 선언했고, 이에 많은 대신들이 반대했다. 예량부(芮良夫)는 '국왕 이익독점 불가론'을 제기한 바도 있다.[19] 유가 사상가들은 대부분 이를 따른다. 『맹자』 곳곳에는 군주의 이익독점에 대한 비판이 실려 있다.

齊宣王問曰 文王之囿 方七十里 有諸? 孟子對曰 於傳有之. 曰 若是其大乎? 曰 民猶以爲小也. 曰 寡人之囿 方四十里 民猶以爲大 何也? 曰 文王之囿 方七十里 芻蕘者往焉 雉兎者往焉 與民同之. 民以爲小 不亦宜乎? 臣始至於境 問國之大禁 然後敢入. 臣聞郊關之內 有囿方四十里 殺其麋鹿者如殺人之罪. 則是方四十里 爲阱於國中. 民以爲大 不亦宜乎?

제 선왕이 물었다. "주 문왕의 사냥터는 사방 70리였다던데 그런 일이 있었습니까?" 맹자가 대답했다. "전해오는 문헌에 그런 기록이 있습니다." 왕이 말했다. "정말 그렇게 컸습니까?" 맹자가 말했다. “백성들은 오히려 작다고 여겼습니다.” 왕이 말했다. “과인의 사냥터는 사방 40리인데도 백성들이 오히려 크다고 여기는 것은 무엇 때문일까요?” 맹자가 말했다. “문왕의 사냥터는 사방 70리였는데 나무꾼들이 무시로 드나들었고, 꿩이나 토끼를 잡으러 들어갈 수 있어 백성들과 더불어 누렸으니 백성들이 작다고 여김이 당연한 것 아니겠습니까? 그런데 신은 처음 제나라 국경에 이르렀을 때 나라에서 가장 크게 금지하는 바가 무엇이냐 물어본 뒤에야 감히 들어왔습니다. 신은 그때 성 밖 관문 안에 사방 40리의 사냥터가 있는데 거기서 사슴을 잡은 사람은 살인죄로 처벌한다는 말을 들었습니다. 그렇다면 이는 나라 가운데 사방 40리의 함정을 파놓은 셈입니다. 백성들이 크다고 여김이 당연한 것 아니겠습니까?”

–「양혜왕 하」

군주가 자기 재산이라고 여긴 사냥터는 천연의 산물이다. 백성들이 마음대로 땔감도 구하고, 넘쳐나는 동물 몇 마리를 잡아 몸보신 할 수 있다면 그건 백성과 함께 누리는 사냥터다. 공인으로서 정치가는 공유물을 통해 개인적인 이익만을 누리지 말라는 얘기다.

맹자는 음악이나 별장 등 개인적 선호까지도 백성들과 함께하기를 권한다. 「양혜왕 하」 편에서 맹자는 “군주가 백성들의 즐거움을 자신의 즐거움으로 여기면 백성들 또한 군주의 즐거움을 자신의 즐거움으로 여긴다. 군주가 백성들의 근심을 자신의 근심으로 여기면 백성들 또한 군주의 근심을 자신들의 근심으로 여긴다. 천하와 더불어 즐기고 천하와 더불어 근심하고도 왕도를 실천하지 못한 사람은 아직 없었다"고 말한다. 사실 현실 정치는 이렇게 하기가 참 어렵지만, 정말 이런 세상이 된다면 맹자가 말하는 왕도사회에 쉽게 도달할 것이다. 권력과 재산을 가진 사람이 그 이익과 즐거움을 모든 사람들과 더불어 나누고 즐기는 세상은 현실에서 예를 찾기가 매우 어렵다. 따라서 당시 현실 정치에 종사하던 군주들이 맹자의 이런 주장을 받아들이기는 쉽지 않았을 것이다.

형벌을 줄여라

백성과 재화를 공유하고 여러 가지 문화를 함께 누리는 것이 백성들과 함께 즐기는 적극적인 방안이라면 형벌을 줄이는 것은 소극적인 정책이다. 공자는 형벌보다 예로 사회질서를 잡아야 사람들이 적극적으로 올바른 길을 선택해 행동한다고 주장한 적이 있다.[20] 유가사상에서 형벌은 일반 서민들에게 적용되는데[21] 형벌에 의존해 사회를 통제하면 사람들은 어진 마음과 유덕한 행동보다 법의 눈치를 보는 삶을 살게 된다. 사회 구성원들이 적극적으로 올바른 삶을 살도록 하려면 형벌을 줄여 법의 강압에 대한 공포에서 벗어나도록 해야 한다.

형벌은 사람들이 싫어하는 것과 두려워하는 것을 골라 국가의 금지사항을 관철시키고, 사회적 병리를 막기 위해 존재한다. 형벌은 공포심에 기초를 두고 있기 때문에 소극적이며 백성들이 적극적으로 인의에 바탕을 둔 행동을 하는 데 방해가 된다. 과도한 형벌은 어진 행위는 고사하고 일상의 생활도 어렵게 만든다. 최고정치지도자가 형벌을 줄여주기만 해도 왕도정치에 한 발 다가서게 된다. 맹자는 이렇게 말한다.

> 地方百里而可以王. 王如施仁政於民 省刑罰 薄稅斂 深耕易耨.
>
> 사방 백 리의 땅만 있어도 왕도를 실천할 수 있다. 왕이 백성들에게 어진 정치(仁政)를 베풀어 형벌을 줄여주고, 세금을 가볍게 해주면 백성들은 열심히 밭을 갈고 부지런히 김을 맬 것이다.
>
> -「양혜왕 상」

맹자가 살던 전국시대의 강대국들은 강력한 법가적 개혁을 통해 형벌통치를 실시했고, 이로써 부국강병을 달성했다. 그렇게 강해진 제나라와 진나라에 거듭 패해 분노에 치를 떨고 있는 위나라 혜왕에게 맹자는 "형벌을 줄이십시오. 그러면 몽둥이만 깎아서도 진나라의 단단한 갑옷과 예리한 병장기를 물리칠 수 있습니다"라고 주장한다. 맹자가 국제정세에 눈이 어두워 이런 주장을 한 것은 아니다. 그가 "저들 나라는 백성들을 구렁텅이에 빠뜨리고 처자식을 흩어지게 하는 정책을 추구하므로 결국은 망할 것이다"라고 주장한 이유는 형벌로 달성한 부강은 사회를 이해타산의 장으로 만들 뿐이므로 단기적으로 부강을 이룰 수는 있지만, 결국 내부에서부터 정치와 사회의 붕괴를 가져온다고 믿었기 때문이다.

맹자는 형벌이 갖는 사회통제의 기능을 부정한 것이 아니다. 「공손추 상」 편에서 맹자는 덕이 높고 유능한 선비가 적절한 직책을 맡는 것이 최고이며 "국가가 한가로워졌을 때를 맞추어 정책명령과 형벌체계를 뚜렷이 시행한다면 아무리 큰 나라라 하더라도 반드시 그를 두려워하게 될 것이다."라고 말한다. 또 맹자는 다음과 같은 사람은 엄한 형벌로 다스려야 한다고 주장하기도 했다.

> 爭地以戰 殺人盈野 爭城以戰 殺人盈城. 此所謂率土地而食人肉 罪不容於死. 故善戰者服上刑 連諸侯者次之 辟草萊任土地者次之.
>
> 땅을 다투어 전투를 벌여 들판에 가득 찰 정도로 사람을 죽이고, 성을 빼앗으려 전쟁을 벌여 성에 가득 찰 정도로 사람을 죽인다. 이는 이른바 토지에 이끌려 인육을 먹는 행위로 그 죄가 죽어서도 용서받지 못할 것이다. 따라서 전쟁을 잘하는 사람은 최고의 형벌에 처해야 하고, 제후들과 합종연횡하려는 자는 그 다음 형벌에 처해야 하고, 황무지 개간과 토지경작 책임을 백성들에게 떠맡기고 (그 이익을 독점하는 자는) 그 다음 형벌에 처해야 한다.
>
> –「이루 상」

공자는 어진 정치는 하지 않고 세금을 늘려 부를 이루려는 제자 염구(冉求)를 사정없이 공격했는데, 맹자는 그 사례를 예로 들면서 전쟁과 부강의 논리를 따지는 사람을 공격한다. 맹자는 이해타산과 전쟁, 부국강병의 논리를 강조한 정치가들에겐 오히려 혹독한 형벌을 주문하고 있다.

맹자가 줄이라고 한 형벌은 일반 백성들의 삶과 관련된 것이다. 형벌은 죄지은 사람을 통제하는 적극적인 작용을 하지만, 그것을 남용해 밭을 갈고 김을 매는 백성들의 자연스러운 생활마저 못하게 한다면 이는 어진 정치의 시행에 역행하는 것으로 패도(覇道)적 발상이다. 백성들과 더불어 즐기는 왕도적 발상은 형벌을 줄여 범죄자 이외의 사람들은 두려움에 떨도록 하지 않는 것이다. 특히 가족들에게까지 연루시켜 사회적 생산성을 떨어뜨리는 것은 정치의 본질이 아니다. 맹자는 "최고의 정치는 죄인을 처벌하면서 처자식까지 연루시키지 않는 것(「양혜왕 상」)"이라고 말한다.

세금을 줄이면 백성들은 부유해진다

민시를 빼앗지 마라

맹자는 '때'를 매우 중시한 사상가다. 유가사상은 시중(時中)을 철학적 기반으로 삼는데, 사실 공자가 강조한 중용(中庸)이나 중화(中和) 개념도 지나치지도 모자라지도 않은 시의적절함과 관련이 있다.[22] 천지의 이치를 '제때' 인간사회에 구현하는 존재가 가장 위대한 지도자다. 맹자는 「만장 상」 편에서 백이(伯夷) 등 여러 성인을 예로 들면서 그중 가장 위대한 사람은 공자라고 한다. 그리고 그 이유는 공자가 때를 아는 성인이기 때문이라고 한다. '때'는 정치가의 중요한 덕목으로 왕도에 이르는 위대한 정치행위 중 하나다. 백성들의 때, 즉 민시(民時)를 빼앗지 않는 것은 백성들과 함께 살아가는 중요한 방식 가운데 하나다.

『맹자』 전체에는 수많은 '때 시(時)'자가 등장하는데, 가장 구체적으로 설명하고 있는 부분은 위나라 혜왕에게 백성들의 농사철을 빼앗지 말라고 충고하는 다음의 구절이다.

> 不違農時 穀不可勝食也 數罟不入洿池 魚鱉不可勝食也 斧斤以時入山林 材木不可勝用也. 穀與魚鱉不可勝食 材木不可勝用 是使民養生喪死無憾也. 養生喪死無憾 王道之始也. 五畝之宅 樹之以桑 五十者可以衣帛矣 雞豚狗彘之畜 無失其時 七十者可以食肉矣 百畝之田 勿奪其時 數口之家可以無饑矣.
>
> 농사철을 어기지 않으면 곡식을 이루 다 먹을 수 없을 것이며, 방죽과 연못에 빽빽한 그물을 집어넣지 못하게 하면 물고기, 자라 등을 이루 다 먹을 수 없을 것이며, 제때를 맞추어 도끼를 들고 입산토록 하면 목재를 이루 다 쓸 수 없을 것입니다. 곡식과 어류를 이루 다 먹을 수 없고, 목재를 이루 다 쓸 수 없다면 산 사람을 양육하든 죽은 사람을 장사 지내든 백성들에겐 아무 유감도 없을 것입니다. 산 사람을 양육하고 죽은 사람을 장사 지내는 데 아무 유감이 없는 상태야말로 왕도의 시작입니다. 다섯 이랑의 집터에 뽕나무를 심게 하면 나이 오십 된 사람이 비단 옷을 입을 수 있습니다. 닭, 돼지, 개 같은 가축을 길러 새끼 칠 때를 잃지 않게 하면 나이 칠십 된 사람이 고기를 먹을 수 있습니다. 농사시기를 빼앗기지 않고 백 묘의 전답

에 경작을 하면 집안의 여러 식구들이 굶주리지 않을 수 있습니다.

–「양혜왕 상」

맹자는 세상의 재화가 인구에 비례해 부족하다고 생각하지 않은 듯하다. 맹자가 비판해 마지않던 묵자는 세상의 재화가 제한적이어서 아끼지 않으면 많은 사람이 굶게 될 것이라고 걱정했다. 묵자 또한 생산을 중시했으나 절용(節用)을 더 강조했다. 맹자는 때만 잘 맞추면 재화는 다 쓸 수 없을 정도로 넘칠 것이라고 자신한다. 「진심 상」 편에서 그는 "때에 맞추어 먹고 예에 맞추어 사용한다면 재화는 이루 다 쓰지 못할 정도가 될 것이다."라고 말한다. 농사는 심을 때와 거둘 때가 있고, 물고기를 잡거나 나무를 베는 것도 때가 있으며, 가축을 길러 새끼를 생산하는 데도 때가 있다. 때만 잘 맞추면 백성들은 아무 유감 없이 생활을 유지할 수 있을 것이다.

정치지도자인 군주는 이 '때'를 잘 알고 있어야 하며 민생정책의 핵심도 이 '때'를 보장해주는 것이어야 한다. 군주는 국가의 중대사를 위해 백성들을 요역이나 군역, 부역에 동원할 수 있지만, 농사를 하늘로 여기는 농사철에 농부들을 동원해서는 안 된다. 따뜻한 봄날 비가 적절히 내리고 무논에 모내기를 해야 하는 날은 며칠에 불과하다. 뙤약볕을 하루만 덜 쬐어도 벼는 제대로 익지 못할 것이다. 서늘한 가을바람이 불고 첫 서리가 내리기 전에 부지런히 수확을 해 실한 곡식을 거두어야 세밭이 훈훈할 것이다. 이 중요한 농번기에 부역과 요역, 군역에 동원된다면 농민들은 시름에 젖게 될 것이다. 그래서 불만으로 이어지고, 마침내 민심은 권력을 이반할 것이다.

백성들의 때를 지켜주는 것은 생산력을 늘려주는 일이기도 하고, 백성들의 삶에 의미를 부여해주는 일이기도 하다. 그렇게 때를 잘 지켜 풍성한 수확을 함으로써 위로 부모님을 봉양하고, 아래로 처자식을 굶기지 않으면 흔쾌한 마음으로 세금을 납부할 것이다. 같은 이유에서 정치가는 농사뿐만 아니라 산림천택에서 벌어지는 수렵과 채취, 벌목과 어업 등에도 때를 잃지 않도록 신경을 쓰고 있어야 한다.

농지세를 줄여라

『맹자』는 꿈을 다룬 책이 아니다. 역사적 경험을 소상히 알고 있는 맹자는 특히 이상정치의 모델인 주나라 초기의 여러 가지 정치제도와 정책으로 복귀하자고 주장한다. 공자가 그러했듯 유가사상가들은 대체로 복고적인 태도를 취한다. 주공(周公)의 정책 아이디어는 꿈이 아니라 현실 정책으로써 당시 백성들의 지지를 얻어냈을 뿐만 아니라 역사적 표준이 되었는데, 공자와 맹자의 민본론은 대부분 주공시대의 정책을 기초로 삼는다.

백성들이 더불어 즐기고 백성들이 부유해지도록 하기 위해 정부는 인정(仁政)을 펼쳐야 하는데, 핵심은 형벌과 세금을 모두 줄이는 것이라고 한다. 「양혜왕 상」 편에서는 “형벌을 줄이고 세금을 가볍게 해주면 백성들은 열심히 밭을 갈고 부지런히 김을 맬 것이다.”라 하고, 「진심 상」 편에서는 “논밭을 잘 가꾸게 해 주고 세금을 줄여주면 백성들은 부유하게 될 수 있다.”고 한다. 맹자는 서민들의 생계를 위협하고 농사의욕을 꺾는 원인이 과도한 형벌과 세금이라고 생각했다.

맹자가 감세를 주장한 것은 국가의 동량인 농민계층을 보호하기 위함이었다. 당시 잦은 전쟁으로 인한 경제적 혼란, 토지제도의 붕괴, 과도한 세금과 부역 등이 민생을 크게 위협하고 있었다. 「양혜왕 상」 편에서 “백성들은 굶주린 기색이 역력하고 들판엔 굶어죽은 시체가 널려있다”고 비유할 정도였다. 왕도정치를 위해서는 무엇보다 이 문제를 먼저 해결해야 했으며 맹자는 그 방법으로 부역과 병역 및 세금의 축소를 주장하고 나선 것이다. 또 농지세율에 대해 맹자는 과거의 조세제도를 분석했다. 그리고 주 문왕이 실시했다는 100묘의 전답을 제공하고, 10분의 1을 세금으로 받는 형태여야 한다고 주장한다.

夏后氏五十而貢 殷人七十而助 周人百畝而徹 其實皆什一也. 徹者 徹也 助者 借也. 龍子曰 治地莫善於助 莫不善於貢. 貢者校數歲之中以爲常. 樂歲 粒米狼戾 多取之而不爲虐 則寡取之 凶年糞其田而不足 則必取盈焉.

하후씨는 50묘 경작지에 대해 공(貢)법을 실시했고, 은나라는 70묘 경작지에 대해 조(助)법을 실시했고, 주나라는 100묘

경작지에 대해 철(徹)법을 실시했는데, 그 실질적 과세 기준은 모두 10분의 1이었다. 여기서 '철'이란 거두어간다는 뜻이고, '조'란 빌려간다는 뜻이다. 이에 대해 (현인이었던) 용자는 이렇게 말했다. "땅을 다스리는 데 조법보다 좋은 것이 없고, 공법보다 나쁜 것이 없다. 공법은 여러 해 생산량의 평균을 내어 항상 일정한 세금을 거두는 것이다. 풍년이 들면 쌀알이 넘쳐흘러 많이 거두어가도 포학하다고 여기지 않는데 오히려 적게 거두어간다. 반대로 흉년이 들면 전답을 탈탈 털어도 부족한데 필경 넘치게 거두어간다."

-「등문공 상」

'공물을 바친다'는 뜻의 공법은 정해진 세금을 풍작이나 흉작에 관계없이 내는 것이고, '도움을 준다'는 뜻의 조법은 그 해 생산량에 따라 비율을 정하는 것이다. 풍년이 들면 일 년 내내 배불리 먹게 되고, 흉년이 들어도 굶주리지 않기 때문에 조법을 좋게 본 것이다. 맹자에 따르면 주나라에서 실시한 철법은 공전(公田)을 경작해 그 1년의 결과물을 세금으로 내는 것이므로 풍작과 흉작에 따라 세금이 달라지는 조법과 같은 제도라고 한다. 또 생산량의 10분의 1 이상을 세금으로 거두어 가는 것은 농업의욕을 현저히 떨어뜨리는 정책이므로 과감히 줄이라고 주장한다.

관세를 없애라

맹자는 상인과 여행객에 대한 세금도 줄이거나 없애라고 주장한다. 맹자의 시대는 풍부한 잉여로 인해 활발한 상업 활동이 이루어졌고, 국가 간의 거래와 왕래도 빈번했다. 외국 세력에 결탁해 정치적 입지를 세운 사람도 있었고, 국경을 넘나들며 큰 부를 쌓은 사람도 있었다. 한편 잦은 전쟁과 부국강병을 위한 국가정책 기조의 변화로 인해 상인들의 투기도 만연했다. 이러한 상황은 군주들에게도 큰 고민거리였으며 맹자 또한 이에 대해 여러 가지 아이디어를 갖고 있었다.

유가사상가들은 대체로 농업을 중시하고 상업을 천시하는 중농억상의 태도를 지닌다. 이는 다른 학파의 경우도 대체로 비슷했는데, 농업사회에서 '힘든 노동을 하지 않고 농작물을 등쳐먹는 사람'으로 상인을 인식했기 때문일 것이다. 맹자 또한 투기적 상인을 사회혼란의 주범으로 보아 반대하지만, 모든 상업 활동을 경시한 것은 아니다. 어떤 점에서 맹자는 오히려 활발한 상업 활동을 장려했다.

> 市廛而不征 法而不廛 則天下之商皆悅而願藏於其市矣. 關譏而不征 則天下之旅皆悅而願出於其路矣.
>
> 시장에서 가게세만 받고 거래세를 받지 않거나 법에 입각하여 통제만 하고 점포세마저 받지 않는다면 천하의 상인들이 모두 즐거워하며 그 나라 시장에 물건을 쌓아두고 싶어 할 것이

다. 출입국 관문에서 검역을 할 뿐 통행세를 매기지 않는다면 천하의 여행객들이 모두 기뻐하며 그 나라의 도로에 나다니고 싶어할 것이다.

-「공손추 상」

가게세만 받고 거래세를 받지 말라는 것은 이중과세를 하지 말라는 이야기다. 또 법에 저촉되는 투기행위만 하지 않는다면 점포세마저 받지 않아야 한다고 주장한다. 맹자의 의도는 국제간 거래를 염두에 둔 것이다. 맹자가 생각하는 이상사회는 어떤 나라의 군주가 왕도정치를 시행함으로써 모든 나라의 백성들이 자발적으로 귀의해 천하가 통일되는 세상이다. 맹자는 상인들에게 세금을 물리지 않는 것을 군주가 풍성한 은혜를 베푸는 어진 정치로 생각한 듯하다. 그리하여 천하의 상인들이 감동하고, 천하의 재화를 가지고 몰려드는 상태를 좋게 여긴 것이다. 세금이 없거나 낮은 나라로 기업들이 이사를 오는 이치와 마찬가지다.

맹자는 감세 정책과 더불어 통관하는 여행객이나 상인들에게도 세금을 매기지 말라고 충고한다. 당시 활발한 국가 간 무역거래와 여행이 이루어지고 있었으며, 많은 나라들은 이들에게 높은 세금을 매겨 이익을 챙기고 있었다. 맹자는 이를 염두에 두고 관세를 없애거나 대폭 인하하면 보다 많은 사람들이 그 나라로 몰려올 것이라 주장한 것이다. 「등문공 하」 편에는 다음과 같은 재미있는 일화가 실려 있다. 대영지(戴盈之)라는 관료가 당장 관세를 없애라는 맹자의 요구에 대해 "올해는 어려우니 조금 가볍게 한 뒤 내년에 없애면 안 되겠느냐?"고 묻자 맹자는 "매일 이웃집 닭을 빼앗는 사람이 있는데 누군가 군자의 길이 아니라고 비판하자, 그럼 한 달에 한 마리씩 빼앗아 내년부터는 하지 않겠다고 했다는데 나쁘다는 걸 알면 바로 고칠 일이지 어떻게 내년까지 기다리느냐?"고 비판한다.[23)]

맹자가 살던 시대에는 국경을 넘나드는 상인과 여행객이 매우 많았다는 얘기이며 그들에게 세금을 물림으로써 쉽게 이익을 취하는 정부가 많았다는 얘기다. 사실 맹자가 각 나라를 돌아다니며 군주들로부터 받은 상당한 양의 자금 또한 이렇게 거둔 수입이었을지 모른다. 그럼에도 불구하고 맹자는 자신은 떳떳한 돈만 받는다고 큰소리를 쳤다. 여하튼 어머니와 수 백 명의 종자를 이끌고 수많은 나라를 돌아다닌 맹자에게 관문에서 여행객 등에게 세금을 징수하는 모습은 매우 안 좋게 보인 것이 틀림없다. 「진심 하」 편에서 맹자는 "옛날에 관문을 설치한 것은 폭력을 방어하기 위함이었는데, 오늘날 관문을 설치한 것은 폭력을 행사하기 위함이다."라고 비꼰다.

이웃집 노인을 보살펴라

예의를 회복하자

춘추전국시대에는 신분변동이 극심했다. 지식과 기술이 보편화되면서 공부를 잘 하거나 손발을 잘 쓰는 좋은 재주 하나만 있으면 출세하는 사람이 많아졌다. 돈을 벌어 권력을 움직이는 사람도 생겨났다. 재산과 권력을 둘러싼 투쟁 과정에서 밀려난 사람은 천민으로 전락하기도 하고, 성공한 사람은 일약 장관급 벼슬에 오르기도 했다. 맹자 시대에도 재지(才智)를 갖춘 선비(士)들은 식객(食客)[24]을 양성하던 정치적 실력자와 연결해 출세의 길을 도모했다. 급여를 받고 재능과 충성을 파는 선비들이야말로 토지를 배경으로 하지 않기 때문에 정치세력화 할 가능성이 없었다. 그래서 각국의 군주들 또한 이들을 대거 임용했다.

귀족적 신분질서에 기초를 두고 있던 '예(禮)'라는 사회통제의 기제는 신분변동 도중에 쉽게 붕괴되었다. 가문으로 세습되던 공, 경, 대부 등 귀족은 예에 의해 통제를 받았다. 이들에게 '무례하다'는 말은 곧 '같이 어울릴 수 없는 사람'이란 뜻이었고, '사람 같지 않는 놈'이란 내포가 있었기 때문에 신분사회에서 예를 벗어난 행위는 큰 형벌을 받는 것보다 심각한 타격을 입었다. 그런데 사 계급이 통치계급의 주류가 되고, 서민들도 돈과 힘으로 출세해 옛 귀족을 능가하는 사람이 많아졌다. 따라서 군주들도 예보다 형벌을 통해 사회질서를 유지할 수밖에 없게 되었다. 사전 방지 기능이 강한 예보다 사후 강요를 강조하는 법이 사회통제의 핵심기능이 된 것이다. 예의 따위는 어겨도 타격을 입지 않았으며 형벌만이 두려움의 대상이 되었다. 예치는 어질고 선한 본성, 자발적이고 타인을 배려하는 덕성 등 인간의 내면적 수양을 통해 이룰 수 있지만, 법치는 이기적인 속성, 강제적이고 계산적인 행동 등 인간의 외부적 통제와 관련이 있다. 공자는 세상이 이렇게 바뀌어가는 것을 안타까워했다. 그래서 공자는 『논어』 「위정」 편에서 법치사회의 인간은 부끄러움을 모르고, 덕치와 예치사회에서만 인간이 내면의 부끄러움도 알고 방정(方正)한 사람이 된다고 주장한다.

맹자가 살던 사회는 더 심각했다. 부국강병을 주장하는 사람들이 국가정책의 주도자가 되었으며 튼튼한 성곽과 많은 재물 그리고 영토 확장에만 골몰했다. 예의를 따지면 과거에 매여 현재를 모르는 고리타분한 사람으로 매도당했다. 공자는 이런 것은 정치가 아니라면서 이기적 욕망을 극복하고 예치사회로 돌아가자는 극기복례(克己復禮)를 제창했는데, 맹자도 비슷한 주장을 하고 있다.

城郭不完 兵甲不多 非國之災也. 田野不辟 貨財不聚 非國之害也. 上無禮 下無學 賊民興 喪無日矣.

성곽이 완벽하지 못하고 병장기가 많지 않은 것은 국가의 재앙이 아니다. 전답이 개간되지 않고 재화가 모여들지 않은 것은 국가의 해악이 아니다. 위에서 (정치가들이) 예를 모르고, 아래에서 (백성들이 예를) 배우지 않으면 도적 같은 사람들만 흥하게 될 것이니 얼마 못 가 나라가 망할 것이다.

-「이루 상」

여기서 말한 정치가의 예는 군자의 예를 뜻한다. 「이루 하」편에는 "군자가 보통 사람과 다른 까닭은 그가 사람다운 마음을 보존하고 있기 때문이다. 군자는 인(仁)으로 그 마음을 지키고, 예(禮)로 그 마음을 지킨다. 어진 사람은 백성들을 사랑하고, 예의를 갖춘 사람은 백성들을 공경한다. 백성들을 사랑하는 사람은 백성들도 항상 그를 사랑할 것이며, 백성들을 공경하는 사람은 백성들도 항상 그를 공경할 것이다."라고 전한다.

한편 일반 백성들에게 어진 마음을 기대하기는 어려우므로 먼저 생업을 주어야 한다. 그래서 위로 부모를 충분히 봉양하고, 아래로 처자식을 충분히 먹여 살릴 수 있을 때 예의를 익히게 된다. 사람들이 먹고 살 만할 때 민주주의를 의미 있게 생각하듯 예치 또한 생존 이상의 경제를 필요로 하는 것이다. 맹자의 주장은 민생경제를 해결한 뒤 아이들을 학교에 다니게 하여 사회의 기본윤리를 익히게 하라는 것이다.

「이루 상」 편에는 구체적인 예의 실질을 '부모형제와의 조화'라고 한다. 맹자는 부모를 잘 섬기고 형을 잘 따르는 어진 행위를 적절하게 조절하고 꾸미는 것이 예의 실질이라 생각했다. 따라서 예의를 회복하는 것 또한 집안에서부터 출발해 사회로 점차 넓혀가는 방식이어야 할 것이다.

인륜을 가르치라

부강만 따지는 무례한 세상을 인의를 숭상하는 예의바른 세상으로 바꾸는 과제에 대해 맹자는 윤리교육에서 해답을 찾았다. 교육의 주체는 인(仁)의 항심을 갖춘 군자가 담당하고, 교육의 대상은 생계를 해결한 집의 젊은이들이며, 교육방법은 학교를 통한 공교육, 교육내용은 군신, 부자, 부부, 장유, 붕우 간 지켜야 할 윤상(倫常)의 예의를 익히는 것이었다. 맹자는 등나라 문공에게 교육의 중요성을 강조하면서 교육목적과 교육내용을 다음과 같이 정리해주었다.

人之有道也 飽食煖衣逸居而無教 則近於禽獸. 聖人有憂之 使契爲司徒 教以人倫 父子有親 君臣有義 夫婦有別 長幼有序 朋友有信.

사람에게는 지켜야 할 도리가 있습니다. 배불리 먹고, 따뜻하게 입고, 편안하게 사는데도 교육하지 않는다면 금수에 가까워질 것입니다. 성인께서는 이를 걱정하시어 설(契)을 교육담당관인 사도(司徒)로 삼아 인륜을 가르치게 하였습니다. 그 내용은 부자유친, 군신유의, 부부유별, 장유유서, 붕우유신입니다.

-「등문공 상」

수 천 년 간 동양사회의 윤리기준이 된 오륜(伍倫)의 출처는 바로 이것이다. 그리고 맹자는 학교교육을 통해 이를 이루려고 하였다.

設爲庠序學校以教之 庠者 養也 校者 教也 序者 射也. 夏曰校 殷曰序 周曰庠 學則三代共之 皆所以明人倫也. 人倫明於上 小民親於下.

상(庠)·서(序)·학(學)·교(校)를 설립해 백성을 가르쳐야 하는데 '상'은 봉양한다는 뜻이고, '교'는 가르친다는 뜻이며, '서(序)'는 활을 쏜다는 뜻입니다. 하나라는 '교'라 부르고, 은나라는 '서'라 부르고, 주나라는 '상'이라 불렀으며 학은 하·은·주 삼대가 같이 사용했습니다. 이렇게 학교기관을 설립함으로써 모두 인륜을 밝히고자 한 것입니다. 위에서 군주가 인륜을 밝혀 주면 아래에서 백성들이 친근하게 여길 것입니다.

-「등문공 상」

맹자는 이렇게 인간사회의 기본윤리를 가르쳐 사람들이 모두 인륜에 밝아지고 예의바르게 바뀐다면 등나라 같은 작은 나라도 큰 나라의 스승 역할을 하게 될 것이라고 말한다. 맹자는 인륜을 가르치는 윤상교육을 인정의 핵심정책으로 보았다. 근엄한 학교교육을 통해 효도와 공경의 도리를 반복시키면 '머리가 허연 사람이 무거운 짐을 지고 길거리를 다니는 일이 없게 될 것'이라고 한다.

부모자식 간의 효도와 나이 먹은 사람에 대한 젊은이의 공경을 주축으로 하는 이 효제(孝悌)의 도리는 사회질서를 내부적으로 잡아주는 역할을 할 것임에 분명하다. 「양혜왕 상」 편에서 맹자는 '어진 정치를 하는 사람은 적이 없다'는 이른바 '인자무적(仁者無敵)'을 설파하고 있다. 여기서 맹자는 심지어 "젊은이들에게는 한가한 시간을 이용해 효도·공경·성실·신의 등을 배우도록 하여 집에 들어서면 제 부모를 열심히 섬기고, 집을 나서면 윗사람을 잘 모시도록 하라. 그러면 몽둥이만 깎아서도 진나라, 초나라의 단단한 갑옷과 예리한 병기를 물리칠 수 있을 것이다."라고 말한다. 효제 교육에 성공하면 국가 내부의 질서가 잡힐 뿐만 아니라 강대국도 이길 수 있다는 논리다.

맹자가 생각하는 어질고 착한 마음이 바탕에 깔려 있다면 사회 구성원 모두가 자발적으로 친근하고 화목하게 될 수 있을 것이다. 또 효제의 행위를 즐겁게 할 수도 있을 것이다. 하지만 효도나 공경은 강요로 이루어지지 않는다. 이익과 안일을 좋아하는 인간의 속성 때문에 자발적인 효경은 쉬운 일이 아니다. 특히 부국강병이 국가의 목표이고, 자본과 이익이 가치관의 핵심이 되는 세상에서 이기적이고 계산적인 본성을 누르고, 학교 교육을 통해 아무리 '효도·공경·성실·신의'를 가르친다 하여도 사회가 예의바르게 될지는 의문이다. 맹자가 정치가의 언어에서 이익을 없애고자 강조한 까닭이 여기에 있다.

우리 집 노인을 섬기듯 이웃집 노인을 섬겨라

맹자는 정치가들이 이익을 강조한 것에 반대한 것이지, 이익 개념 자체를 부정하지는 않았다. 돌려 말하면 맹자는 정치가들에게 인의를 강조하라고 요구한 것이지, 인간의 성품이 인의 한 가지로만 구성되어 있다고 주장한 것은 아니다. 맹자는 인의가 사람의 내부 성정에서 발현되는 것이라 믿었지만, 실제 외부 행위로 드러날 때는 차이가 난다고 생각했다. 인의(仁義)를 나누어 생각한 것이다. '인'은 내부적인 것이고 본래부터 그렇게 존재하는 것인데, '의'는 외부 환경에 따라 다르게 표현된다는 것이다. 「등문공 상」 편에서 맹자는 "자기 형의 아이를 친하게 대하는 것과 관계없는 이웃집 아이를 친하게 대하는 것 사이에는 분명히 차이가 있다."고 말한다. 그 차이를 없애 '인에 머물고

의에 따르는' 이른바 '거인유의(居仁由義)'야말로 대인이 가야할 길이라고 한다.

연장자를 존중하고 세상이 예의바르게 되는 것은 이 의로움에 바탕을 두고 있다. 「이루 상」 편에서 맹자는 "예의를 비난하는 자를 자포(自暴)라 하고, 인에 머물고 의에 따를 수 없다고 하는 자를 자기(自棄)라 한다"고 말한다. 우리가 곧잘 쓰는 '자포자기'의 한 어원이다. 자포자기를 한 사람과는 말도 섞지 말고 같이 행동하지도 말라고 한다. 인이라는 내부 성정이 의라는 외부 행위로 일관되게 드러나는 것이 맹자가 만들고자 하는 세상이었다. 모든 사람이 이런 행위를 하면 정치는 손바닥 뒤집듯 쉬워지며, 힘들고 어려운 모든 사회적 약자들은 행복한 삶을 누릴 수 있게 된다는 것이다. 맹자는 제나라 선왕을 다음과 같이 설득한 적도 있다.

> 老吾老 以及人之老 幼吾幼 以及人之幼. 天下可運於掌. 詩云 '刑於寡妻 至於兄弟 以御於家邦.' 言舉斯心加諸彼而已. 故推恩足以保四海 不推恩無以保妻子.
>
> 우리 집 노인에 대한 공경이 다른 집 노인에게도 미치게 되고, 우리 집 아이에 대한 사랑이 다른 집 아이에게도 미치게 된다면 천하는 손바닥 위에 올려놓은 듯 다스릴 수 있습니다. 『시경』에 '내 아내에게 모범이 되고, 다시 형제에게 이르고, 더 나아가 가문과 나라로 넓혀지리'라는 말이 있습니다. 이는 공경하고 사랑하는 마음을 더 멀리 넓혀가라는 말입니다. 그래

서 은혜를 넓혀나가면 온 세상 백성들의 생활을 다 안정시킬 수 있지만, 은덕을 넓히지 못하면 자기 처자식의 생활도 보전할 수 없을 것입니다.

–「양혜왕 상」

‘넓혀가라’는 말은 적극적으로 임하라는 말이다. 맹자의 사상은 정치가들이 어진 마음을 잘 유지하면 세상이 모두 올바른 행동을 하게 된다는 낙관론이다. 낙관주의이긴 하나 가만있으면 의롭게 된다는 소극적인 정치사상이 아니라 ‘사람에게 편안한 집’인 인에 머물고, ‘사람에게 바른 길’인 의를 따라 행동하도록 정치가들이 앞장서서 이끌라는(「이루 상」) 적극적인 정치사상이다. 부모에 대한 친애와 같은 내부적인 인과 연장자에 대한 존경과 같은 외부적인 의는 모두 사람만의 특질이다.[25)] 인심(人心)인 인과 인로(人路)인 의를 일체화할 수 있도록 적극적으로 공부시키고 교화시켜야 한다.

맹자의 복지 구상 또한 이러한 추은(推恩)의 연장선상에 있다. 세금을 줄여주고 형벌을 처자식에게까지 연루시키지 않는 등 실질적인 시혜도 중요하지만, 그보다 먼저 사회적 약자들을 보호하는 데 신경을 쓰는 것이 인의의 마음을 찾는 지름길이라고 한다.

老而無妻曰鰥 老而無夫曰寡 老而無子曰獨 幼而無父曰孤 此四者 天下之窮民而無告者. 文王發政施仁 必先斯四者. 詩云 ‘哿矣

富人 哀此煢獨.'

늙어서 아내가 없는 사람을 환(鰥)이라고 합니다. 늙어서 남편이 없는 사람을 과(寡)라고 합니다. 늙어서 자식이 없는 사람을 독(獨)이라고 합니다. 어려서 부모가 없는 아이를 고(孤)라고 합니다. 이 넷은 세상에서 가장 가난한 백성들로 어디 하소연할 데가 없는 사람들입니다. 문왕께서 어진 정치를 하실 때는 이 네 종류의 사람들을 꼭 먼저 챙기셨습니다. 『시경』에 '돈 있는 사람들이야 잘 지내겠지, 애달픈 이는 외롭고 쓸쓸한 자들이지'라는 말이 있습니다.

–「양혜왕 하」

인정을 시행하는 우선 대상을 홀아비와 과부, 무의탁자, 고아의 구제에 두어야 한다는 얘기다. 사회적 약자인 이들은 심신이 가난한 상태에 처한 사람들이므로 내부에서 발동하는 어진 마음으로 '외롭고 쓸쓸한 자들'을 먼저 챙겨야 한다는 것이 맹자의 요지다. 이 마음이 외부의 실제 행동으로 드러나면 의로운 정책이 된다. 따라서 맹자의 복지정책은 사람이 본래 갖고 있는 어진 마음을 회복시키는 데서 출발한다. 「고자 상」 편에서는 "사람들이 닭이나 개를 놓치고는 열심히 찾으면서도 마음을 놓치고는 찾을 줄 모른다. 학문의 길은 다른 것이 아니라 그 놓친 마음을 찾는 것이다"라고 한다.

어려운 사람들을 애틋하게 생각하는 어진 마음은 사람만이 갖고 있는 특질이다. 교육 현장에서는 이 마음을 찾도록 지도

하고, 정치가들이 앞장서서 이 마음을 실천하고 국민을 대상으로 교화한다면 복지 관념에 변화가 올 듯도 하다. 행정가들 또한 '외롭고 쓸쓸한 사람들'을 위해 애틋한 마음으로 정책을 만들고, 이를 확산시키는 데 역량을 집중한다면 사회복지는 한 단계 업그레이드 될 듯하다. 사람은 자기를 먼저 생각하는 이기적인 존재이나 가족 구성원의 아픔에 대해서는 대부분 애틋한 마음을 갖고 대한다. 이런 점에서 확산의 방법으로 복지정책의 전개를 고민한 맹자의 고민은 상당한 설득력을 지닌다. 내 아이를 사랑하듯 이웃집 아이를 사랑하게 되면 아동범죄는 사라질 것이고, 집안 어른을 공경하듯 이웃집 어른을 공경하면 다툼이 없는 예의바른 세상이 되지 않겠는가!

맹자, 그 후

맹자의 정치참여와 그 득실

맹자는 정치가였다. 이익에 반대하고 인의를 앞세워 세상 전체를 바꾸어보려는 큰 꿈을 가진 정치가였다. 그는 당시 유행처럼 번진 힘의 정치에 반대하고, 사람의 선한 마음에 바탕을 둔 왕도정치를 주창했다. 유학자들은 학문과 정치를 왔다 갔다 한 사람들이다. 특히 공자의 제자들이 그러했는데, 그 후예인 맹자도 공부를 열심히 해 어느 정도 여력이 생긴 40세를 전후해 정치에 발을 들여놓았다.

맹자는 청렴을 앞세우고 정치에 참여하지 않았으며 홀로 고고했던 제나라의 선비, 진중자(陳仲子)를 가리켜 다음과 같이 비판한 바 있다.

充仲子之操 則蚓而後可者也. 夫蚓 上食槁壤 下飮黃泉. 仲子所居之室 伯夷之所築與? 抑亦盜跖之所築與? 所食之粟 伯夷之所樹與? 抑亦盜跖之所樹與? 是未可知也.

진중자의 지조를 천하로 넓혀가려면 지렁이가 된 뒤에나 가능할 것이다. 지렁이는 위로는 마른 흙을 먹으며 아래로는 누런 흙탕물을 들이킨다. 중자가 사는 집은 백이가 지은 것인가? 아니면 도척이 지은 것인가? 그가 먹는 곡식은 백이가 심은 것인가? 아니면 도척이 심은 것인가? 정말 알 수 없는 노릇이다.

-「등문공 하」

맹자는 정치를 '세상을 바꾸려는 끝없는 노력'으로 본 듯하다. 그는 선명하게 자기주장을 내세우고 그것이 먹혀들어가든 아니든 고집스럽게 일관하는 것을 정치로 보았다. 『맹자』를 보면 맹자는 정부정책에 끊임없이 이의를 제기한다. 국왕에게 듣기 싫은 소리를 서슴지 않고, 심지어는 "그 따위로 정치를 하면 정권이 바뀔 수 있다"고 협박하기도 한다. 이는 그의 호방한 기질 때문이기도 하겠지만, 무엇보다 자신의 주장에 대한 확신 때문이었다. 그는 공자의 정치철학을 체득해 새로운 아이디어들을 더했으며 '나에게 정치를 맡기면 온 천하를 도덕적 이상국가로 만들 수 있다'는 자신감으로 충만했다.

공자가 그랬듯 맹자도 당시 집권세력의 환영을 받지는 못했다. 인구가 늘고 경제력이 커지면서 법가적 통치방식이 시대적 추세로 등장했고, 분열된 봉건국가들이 통일을 향해 치달아가면서 통일을 위해서든 생존을 위해서든 부국강병이 시대적 과제였다. 당시 시대를 거스르며 전통시대로의 복귀를 외치고 도덕의 정치를 강요받았을 때 집권세력들은 상당한 스트레스를 받았을 것이다. 맹자 또한 여러 군데서 공격을 받았다. '수레 수십 대를 뒤따르게 하고, 수행원 수 백 명을 거느린 채 제후들에게 돌아다니는' 맹자에게 먹을 것을 구하러 다닌다는 비판이 쏟아지자 맹자는 이렇게 대답한다.

> 非其道 則一簞食不可受於人 如其道 則舜受堯之天下 不以爲泰 子以爲泰乎?
>
> 도에 맞지 않으면 밥 한 그릇이라도 남에게 받아서는 안 되겠지. 그런데 도에 맞는다면 순임금이 요임금에게 천하를 받았어도 아무도 지나치다고 생각하지 않았네. 자네는 그걸 지나치다고 보는가?
>
> -「등문공 하」

결과적으로 맹자 또한 공자처럼 생전에 정치적 성공을 거두지는 못했다. 국왕의 국정자문역을 맡은 적은 있지만, 실제로 정책을 입안하고 집행하는 자리에 오르지는 못했다. 여러 왕을 설득해 좋은 평가를 받았으나 끝내 자신의 주장이 정책에 반영되는 효과를 보지는 못했다. 그는 이렇게 개탄했다. "하늘이 천하를 태평하게 다스리지 않으시려나 보다. 천하를 태평하게 다스리고자 한다면 오늘날 세상에 나를 빼고 그 누가 있겠느냐?(「공손추 하」)"

이 자신감 넘치는 정치가는 천하를 떠돌다 쓸쓸하게 고향으로 돌아와 저술과 교육에 종사했고, 그렇게 인생을 마무리했다. 놀라운 일은 후대에 벌어졌다. 공자와 마찬가지로 맹자 또한 20년 전후의 유세 동안 별다른 정치적 성공을 거두지 못했다. 순자와 같은 방대한 저술을 남기지도 않았다. 하지만 세월이 흐르면 흐를수록 그의 주장은 정치현장에서 더욱 더 빛을 발했고, 사후 추증된 관직은 갈수록 높아졌으며 인격적 평가는 성인의 반열에 이르게 되었다.

후대의 평가

맹자는 정치적으로 그리고 사상적으로 역사적 승리를 거두었다. 하지만 맹자 사후에 바로 그에 대한 평가가 이루어진 것은 아니다. 맹자보다 한 세대 늦게 태어난 순자는 맹자가 공자를 제대로 계승하지 못했을 뿐만 아니라 얼토당토않는 주장을 펼쳤다고 비판한다.

略法先王而不知其統 猶然而猶材劇志大 聞見雜博. 案往舊造說 謂之五行 甚僻違而無類 幽隱而無說 閉約而無解. 案飾其辭 而只敬之 曰 此真先君子之言也. 子思唱之 孟軻和之. 世俗之溝猶瞀

儒嚾嚾然不知其所非也 遂受而傳之 以爲仲尼子弓爲玆厚於後世 是則子思孟軻之罪也.

대략 선왕을 본받긴 하나 대대로 내려오는 큰 줄기(統類)를 알지 못하고, 장엄하게 재주가 많고 뜻이 크며, 듣고 본 것은 잡스럽고 넓어 옛 일에 입각해 새로운 주장을 만들어내 '오행'이라 불렀는데 심히 치우치고 체계가 없으며 명확하지 않아 설명할 수 없고, 뜻이 통하지 않아 이해할 수 없다. 그럼에도 그 말만 잘 꾸며대면서 공경하여 가로되 "이것이야말로 진짜 군자의 말씀이다"라고 한다. 자사가 부르짖고 맹가가 이에 화답하였다. 속세의 어리석고 무지한 유생들이 떠들썩하여 그것이 잘못임을 알지 못하고 차츰 받아들여 전파하면서 중니·자궁이 후세에 존중받음이 이 때문이라 하니 이것이 바로 자사와 맹가의 죄다.

– 『순자』「비십이자(非十二子)」

사후에 벌어진 일이라 맹자의 입장에서 억울한 구절도 있을 수 있겠으나, 여하튼 이 말은 맹자사상에 대한 첫 번째 평가다. 사마천은 『사기』「맹자순경열전」에서 "맹자의 주장은 현실과 거리가 있어 당시 정세에 맞지 않았다"고 평가하면서 제나라 선왕이나 위나라 혜왕 모두 그의 말을 듣지 않았다고 아주 건조하게 기술하고 있을 뿐이다.

어찌된 영문인지 모르겠으나 맹자가 직접 가르친 제자들은 공자의 제자들처럼 후세에 알려진 사람이 거의 없다. 『맹자』에 등장하는 악정극(樂正克), 공손추, 만장 등이 어떤 저술을 남기고 어떤 제자를 두었는지 알려진 바도 없다. 후한의 조기는 「맹자제사」에서 시대가 바뀌어 "맹자의 문도들도 끝장이 났다"고 하는데, 순자의 제자들이 학문적 전승을 거듭하며 한 대에 유학의 전통을 이어주었다는 점에서 볼 때 정말 시대 탓이었는지 사뭇 의심스럽다. 그리고 백 년쯤 지난 뒤 한나라 문제 때 『맹자』를 연구하는 박사를 두었으나 크게 유행하지는 못했다.

맹자에 대해 적극적으로 연구하고 깊은 감명을 받아 진지한 평가를 내린 사람은 맹자보다 5백 년 정도 늦게 살았던 후한의 조기다. 그는 지금까지 밝혀진 바로는 처음 『맹자』에 대해 주석을 했고, 『맹자』 각 편을 상하 둘로 나누어 14편의 체제를 갖추게 했다. 조기는 맹자를 가리켜 '천지만물을 망라하고 인의 도덕을 확산시킨 위대한 인물'로 칭송하면서 『시경』의 저자에 버금간다고 극찬한다.

有風人之託物 二雅之正言 可謂直而不倨 曲而不屈 命世亞聖之大才者也.

(맹자는) 『시경』 「국풍」의 지은이처럼 뛰어난 사물에의 기탁과 『시경』의 「대아」와 「소아」에 버금가는 올바른 말로 가득하다. 올곧으면서도 전혀 거만하지 않으며 굽은 듯해도 전혀 비굴하지 않으니 세상에서 아성(亞聖)이라고 명명할만한 큰 재능을 지녔다고 할 수 있다.

– 「맹자제사」

후대에 맹자를 공자와 같은 성인에 버금간다는 뜻에서 '아성'이라 부르는 것은 이 구절에 연유한다. 여하튼 이렇게 5백 년 만에 맹자를 성인으로 칭송하는 학자가 나타난 뒤, 진짜 성인 만들기 작업은 맹자 사후 천 년이 흐른 당나라 때 이루어졌다.

한유는 외래 불교에 대항하는 전통문화부흥운동으로 이른바 도통(道統)을 정리하면서 맹자를 주공-공자를 잇는 적통으로 취급했다. 이로부터 한유를 추종하는 송명(宋明)의 이학, 즉 주자학자들은 모두 맹자를 그들 학문의 뿌리 가운데 하나로 여기게 되었다. 그래서 맹자의 사유, 특히 성선설을 적극적으로 떠받들며 공자에 필적하는 위대한 사상가로 존중하게 되었다. 주희는 『맹자』를 〈사서〉의 하나로 편입시켜 『논어』와 동격으로 만들었다. 이후 명나라와 조선에서 맹자가 얼마나 위대한 스승으로 대우받았는지는 우리도 익히 알고 있다.

맹자 사상의 양면성

한유는 『맹자』를 읽고 "성인의 도가 실행되어야 하는 이유를 깨달았다"고 말한 바 있다. 아직 학문적으로 큰 깨달음을 얻지 못하고 있는 필자는 『맹자』를 읽을 때마다 '이 분의 말대로만 된다면 정말 도덕적인 세상이 되겠구나!'라고 생각했다. 그런데 세상은 맹자의 말대로 되지 않았다. 2천 년 동안 수많은 사람들이 맹자의 주장에는 일리가 있다고 외쳐왔음에도 불구하고 세상은 왜 그의 말대로 되지 않은 것일까?

송나라 때 맹자의 말이 진짜로 위대한가 아닌가를 두고 논쟁이 벌어진 적이 있다. 현실정치를 강조하고 일의 성취를 중시하는 엽적(葉適)같은 사람은 맹자 또한 많은 제자백가의 한 사람일 뿐 특별한 공적은 없다고 말한다. 반면 이상정치를 강조하고 학문의 성취를 중시하는 시덕조(施德操) 같은 사람은 성선설을 주창하고, 호연지기를 밝히고, 양묵(楊墨)의 학설을 물리치고, 패도를 누르고, 왕도를 높인 맹자의 공로는 공자보다 위대하다고 말한다.[26)]

크게 보면 맹자를 둘러싼 논란은 이 두 가지 견해에서 거의 벗어나지 않는다. 맹자사상의 양면성이 그렇게 만든 것이다. 해답은 독자 각자에게 달려 있다. 각인이 각자의 해석을 할 수 있는 융통성을 가졌다는 말이 아니라 현실과 이상 어디에 중점을 두고 읽느냐에 따라 『맹자』의 해석이 달라질 수 있다는 것이다. 다시 말해 『맹자』를 읽고 공리공담이라 생각하는 분은 현실적인 감각이 뛰어난 분이고, 『맹자』를 읽고 참 옳은 말이라 생각하는 분은 이상적인 정서를 갖고 계신 분일 수 있다. 그런데 정도의 차이가 있을 뿐 사람이 온전히 이상적이거나 온전히 현실적인 경우는 없다. 시공의 제약 속에 슬픔과 기쁨을 교직해가며 살아가는 삶의 과정은 이상과 현실의 착종(錯綜)이 아닌가! 맹자의 주요 사상을 두고 벌어지고 있는 다음의 상반된 두 시각을 독자들은 무수히 넘나들게 될 것이다.

이익을 배제한 경세는 의미가 있는가 없는가? 인의도덕은 현실일 수 있는가 이상일 뿐인가? 힘의 정치(패도)와 덕의 정치(왕도)는 공존할 수 있는가 없는가? 맹자의 현실비판은 시대적 요구인가 복고주의인가? 성선설은 지나친 일반화인가 아닌가?[27] 맹자는 논쟁에서 이기는 데만 관심을 가진 궤변론자인가 아닌가?[28] 맹자는 중심문명만을 강조한 문화우월주의자인가 아닌가?[29] 반실적주의, 독점방지, 통제경제 등의 주장은 이익관념에의 반대가 아니라 이익관념의 일환이 아닌가? 이익에 반대하는 교육을 강조하고, 전쟁이 이롭지 못하다고 주장한 점 또한 이익관념에 대한 동조가 아닌가? 자신에게 맡겨만 준다면 태평성대를 만들 수 있다는 맹자의 자신감은 정치적 욕구인가 대장부로서의 자신감인가? 자신과 주장이 다른 사상학파를 사이비 이단으로 규정하고 공격하는 것은 학문적 자존감 때문인가 정치적 목적 때문인가? 정치인들 모두가 군자의 덕성을 쌓는 일은 가능한가? 어진 사람이 정치를 하면 온 사회가 예의바르게 바뀔 수 있는가? 왕도정치와 천하통일은 관련이 있는가 없는가? 인간의 도덕적 근거를 '측은지심, 수오지심, 사양지심, 시비지심' 네 가지로 단정할 수 있는가 없는가? '민이 귀하고 군주는 가볍다'는 주장은 진정한 민본의식에서 비롯되었는가 정치적 언사인가? 여민동락만 하면 민심을 얻고 정권을 안정시킬 수 있는가? 민심은 존재하는 것인가 만들어지는 것인가? 정치에 종사하는 사람은 백성들의 노동 산물을 누릴만한 충분한 이유가 있는가 없는가? 세금과 형벌은 줄이는 것만이 능사인가? 군자와 소인은 왕래할 수 없이 정말 다른 존재인가? 우리

아이만큼 이웃집 아이를 사랑할 수 있겠는가?

이 모든 문제에 대한 해답은 『맹자』를 처음부터 끝까지 면밀히 읽음으로써 얻을 수 있다.

> 富貴不能淫 貧賤不能移 威武不能屈. 此之謂大丈夫.
>
> 부귀해져도 그 뜻을 어지럽히지 않고, 빈천해져도 그 뜻을 바꾸지 않으며 어떠한 위협과 폭력에도 그 뜻을 굽히지 않습니다. 이 정도는 되어야 대장부라 하겠지요.
>
> -「등문공 하」

주

1) 도올 선생은 그동안 『맹자』가 주자학의 이념으로 형해화(形骸化)되었고, 그냥 공맹사상의 주축으로 추상화되어 제대로 이해하지 못했다고 비판한다(김용옥 저, 『맹자: 사람의 길 上 』, 통나무, 2012, p.8).

2) 이에 대해서는 〈장현근 저, 『맹자』, 살림출판, 2006, pp.55~60〉에 상세히 나와 있다.

3) 한유는 「독순자(讀荀子)」라는 자신의 글에서 공자사상의 계승을 열거하며 『시경』 『서경』 등은 아무 하자가 없는 책, 맹자는 순일한 사람 중 순일한 사람(醇乎醇者), 순자와 양웅(揚雄)은 대체로 순정하지만 약간 하자가 있는 사람(大醇而小疵)이라 평가했다.

4) 청나라 대진(1723~1777)의 대표작은 『맹자자의소증(孟子字意疏證)』이고, 조선 후기 정약용(1762~1836)은 『맹자요의(孟子要義)』를, 에도 시대 이토진사이(伊藤仁齋, 1627~1705)는 『어맹자의(語孟字義)』 등을 지어 당시의 사상계를 풍미했다.

5) 예를 들어, 거대한 강역을 가진 중국의 문화적 원형이 형성된 한(漢)나라 통치자들은 시호 앞에 모두 효(孝) 자를 붙였다. 그 이후 동아시아 어떤 왕조든지 정치이념으로 효를 매우 강조했다.

6) 공자는 거칠지도 않고 문약하지도 않은, 그래서 인간 본연의 모습을 진솔하게 드러내면서 학문과 수양을 통해 의식과 행동이 적절히 통제된 균형적 삶을 사는 사람을 '군자'로 정의했다(『논어』 「옹야」: 質勝文則野 文勝質則死. 文質彬彬 然後君子.).

7) 여기서 맹자가 표현한 대장부는 '천하의 넓은 길을 정정당당하게 걷는 남자'를 뜻한다.

8) 맹자의 '노심자, 노력자' 논의를 두고 육체노동에 대한 정신노동의 우위를 주장하는 관념론이라는 비판이 많다. 하지만 맹자의 진의를 잘 살펴보면 오히려 분업론에 가깝지, 엘리트주의나 이분법적 계급론이 아님을 알 수 있다.

9) 대표적으로 진(秦)나라의 효공(孝公)은 현자를 초빙한다는 초현령(招賢令)을 내렸는데, 그 핵심내용은 진나라를 부강하게 만들어주는 사람에게 땅을 나누어주겠다는 것이었다. 그렇게 하여 상앙(商鞅)을 영입하는 데 성공하고 부국강병을 이룩했다.

10) 유향(劉向)이 편집한 『전국책(戰國策)』에 따르면 일곱 개의 만승 국가, 다섯 개의 천승 국가들이 전쟁을 일삼았으므로 '전국'이라 불렸다고 한다.

11) 『맹자』 「등문공 하」 편에도 여기까지는 똑같은 구절이 있다. 다만 맹자는 등 문공에게 어진 정치를 위해 공검예하(恭儉禮下)의 겸손한 태도를 덧붙여 주문한다.

12) 『신서(新書)』 『논형(論衡)』 등 한대(漢代)의 문헌에 많이 인용되는 이 구절은 『관자』 「목민(牧民)」 편 등에 여러 번 보인다. 원래는 "창고와 광이 튼실하면 백성들이 예절을 알고, 의식이 풍족하면 백성들이 영광과 오욕을 안다(倉廩實 則民知禮節; 衣食足 則民知榮辱)"가 한 구절이다.

13) '무'라고도 읽음. 100평설, 30평설 등 다양하지만 과거에는 사방 6척(尺)을 1보(步)라 하고, 100보를 1묘라 했음. 현대 중국에서는 666.66 평방미터를 1무라 부름. 우리나라 단위로 대략 200평 정도로 추정됨.

14) 상(庠)·서(序)·학(學)·교(校)에 대해서는 이 책의 72~75쪽을 참고.

15) 정약용이 그 대표인데, 땅이 좁은 조선에서는 그 실정에 맞게 사전(私田) 8결과 공전(公田) 1결을 임의로 묶어 실시하자는 주장을 했다.

16) 직업의 분화에 대해 많이 사용되는 예는 『관자』 「대광(大匡)」 편에 등장하는 "벼슬하는 사람은 궁궐 가까이 살고, 벼슬하지 않고 농사를 짓는 사람은 성문에 가까이 살며 공업기술자나 상인은 시장 가까이 산다(凡仕者近宮 不仕與耕者近門 工商近市)."이다. 위작설이 있긴 하지만 맹자가 활동했던 시대에는 보통 사농공상(士農工商)으로 직업을 나눈 듯하다.

17) 맹자가 활동했던 황하 유역에서는 포목을 재료로 하는 포폐(布幣)를 사용한 흔적이 있으며 『맹자』에 등장하는 돈은 제나라와 연나라 지역에서 사용했던 작은 칼 모양의 철전인 도폐(刀幣) 혹은 고리 모양의 동전인 환전(環錢)일 확률이 높다.

18) 『시경』 「소아·북산(北山)」 편에 언급된 "普天之下 莫非王土. 率土之賓 莫非王臣."은 수많은 제자백가들이 그대로 인용해 사용하고 있는데, 이는 주나라 이래 왕토사상이 전 국민의 생각을 지배하고 있었음을 대변한다.

19) 이에 대해서는 〈유택화(劉澤華) 주편, 장현근 옮김, 『중국정치사상사(선진편 상)』, 동과서, 2008, pp.110~112〉에 상세함.

20) 『논어』 「위정」 편에 "道之以政 齊之以刑 民勉而無恥. 道之以德 齊之以禮 有恥且格."이라고 한다.

21) 『예기』 「곡례(曲禮)」 편에는 "예는 서인에게까지 내려가지 않고, 형은 대부에게까지 올라가지 않는다(禮不下庶人 刑不上大夫)."는 유명한 명제가 있다. 이를 두고 '특권계층은 형벌을 면제 받는다'는 식으로 오해해 유가사상이 특권을 옹호하는 것으로 평가하는 경우가 많다. 하지만 이는 춘추전국시대 대부 이상 계급에게 예(禮)가 갖는 강한 통제력을 과소평가한 오해다.

22) 『주역』 「몽(蒙)괘」에 등장하는 시중(時中)은 지나치지도 모자라지도 않은 시의적절함을 뜻하며, 『예기』 「중용」에서는 군자의 중용을 시중이라 표현하고 있다.

23) 여기에서 맹자는 십일(什一), 즉 농지에 대한 10분의 1 세금과 같은 차원에서 관세의 폐지를 주장하고 있다. 또 〈초순(焦循) 저, 『맹자정의(孟子正義)』, 中華書局, 1998, p.445〉에 따르면 대영지는 송나라 대부이며, 10분의 1 세금과 관세의 폐지를 과거 제도로의 복귀로 인식하고 있다.

24) '청객(淸客), 빈객(賓客)'이라고도 불렀으며 정치적 실력자의 집에 몸을 의탁하며 재주나 지혜를 팔아 생계를 유지하고 출세를 도모한 사람들을 말한다.

25) 맹자는 사람에게 타고난 능력과 지혜가 있기 때문에 부모를 사랑하고 형을 공경할 줄 안다고 한다. 『맹자』 「진심 상」 편에 따르면 "친친(親親)이 인(仁)이고 경장(敬長)이 의(義)인데, 이는 양지(良知)와 양능(良能) 때문"이라고 한다.

26) 시덕조의 주장은 황종희(黃宗羲)의 『송원학안(宋元學案)』 권40 「맹자발제(孟子發題)」에 들어있다.

27) 동중서(董仲舒)는 『춘추번로(春秋繁露)』 「실성(實性)」 편에서 성선설을 지나친 견해라고 평가 절하했다.

28) 『맹자』 책의 체제가 대부분 그런 논쟁 형태라서 비롯된 것인데, 후한의 왕충(王充)은 『논형(論衡)』 「자맹(刺孟)」 편에서 '앞뒤가 안 맞는 궤변'이라 했다. 근래의 서양학자 H. G. 크릴도 맹자를 '논쟁에 이기는 데 관심 있는 인물'이라 평가했다.

29) 『맹자』 「등문공 상」 편에 등장하는 맹자의 말 "吾聞用夏變夷者 未聞變於夷者也"는 중화문명만이 이민족 문명을 바꿀 수 있다는 강렬한 중화주의를 암시한다.

큰글자 살림지식총서 084

맹자 이익에 반대한 경세가

펴낸날	**초판 1쇄 2013년 7월 31일**
	초판 2쇄 2017년 12월 29일

지은이	**장현근**
펴낸이	**심만수**
펴낸곳	**(주)살림출판사**
출판등록	**1989년 11월 1일 제9-210호**

주소	**경기도 파주시 광인사길 30**
전화	**031-955-1350** 팩스 **031-624-1356**
홈페이지	**http://www.sallimbooks.com**
이메일	**book@sallimbooks.com**

ISBN	978-89-522-2716-4 04080
	978-89-522-3549-7 04080 (세트)

※ 이 책은 큰 글자가 읽기 편한 독자들을 위해
글자 크기 14포인트, 4×6배판으로 제작되었습니다.